역사 속 부의 DNA

한국사 경제학

The Economics of Korean History:
The DNA of Wealth in History

한국사 경제학

발행일	2025년 12월 26일
지은이	정종석
펴낸이	손형국
펴낸곳	(주)북랩

출판등록	2004. 12. 1(제2012-000051호)
주소	서울특별시 금천구 가산디지털 1로 168, 우림라이온스밸리 B동 B111호, B113~115호
홈페이지	www.book.co.kr
전화번호	(02)2026-5777 팩스 (02)3159-9637

ISBN   979-11-7598-036-5 03910 (종이책)   979-11-7598-037-2 05910 (전자책)

작가 연락처 문의 ▸ ask.book.co.kr

전용 게시판에 문의를 남기시면 저자에게 직접 전달됩니다.

(주)북랩 성공출판의 파트너

북랩 홈페이지와 SNS에서 다양한 출판 솔루션을 만나 보세요!

홈페이지 book.co.kr   •   **블로그** blog.naver.com/essaybook   •   **출판문의** text@book.co.kr

카톡채널 북랩

역사 속 부의 DNA

한국사 경제학

The Economics of Korean History:
The DNA of Wealth in History

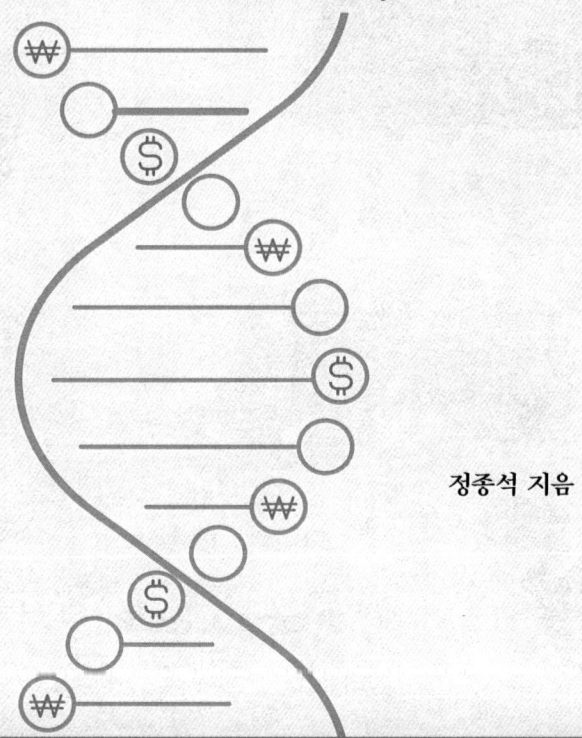

정종석 지음

위기는 반복되지만
한국 경제는 그때마다 더 현명해졌다.
그 힘의 원천은 숫자가 아니라 역사가 남긴 기억의 논리에 있다.

수많은 경제 정보 속에서 길을 잃은 이들에게
과거의 선택과 제도가 남긴 기억을 해독해
미래의 길을 비춰주는 새로운 안내자,
한국사 경제학이 펼쳐진다!

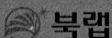 북랩

기억으로 세운 나라
'한국사 경제학'의 시작

역사는 경제의 기억이다

우리는 경제를 수치로 배우고, 역사를 사건으로 기억한다. 그러나 진실은 그 반대일지도 모른다. 경제는 인간의 삶이 쌓아 올린 기억이며, 역사는 시대마다 변한 경제의 얼굴을 비춘다. 이 두 가지가 만나는 곳에 '한국사 경제학'이 있다.

고조선의 토지제도에서 시작된 공동체의 질서, 삼국시대의 곡창지대 경쟁과 수공업 발전, 조선의 대동법과 세금 개혁, 개항기의 은본위 화폐제와 근대 금융의 태동, 그리고 산업화와 민주화의 교차선까지. 한국 경제의 뿌리는 수천 년의 기억으로 얽혀 있다.

경제의 DNA는 국가의 유전자와 같다. 위기가 닥칠 때마다 이 유전자는 스스로 복제하며 새로운 질서를 만들어냈다. 임진왜란 이후의 조세개혁, 해방 후의 농지개혁, IMF 외환위기 이후의 금융개혁이 그것이다. 경제는 망각이 아니라 기억의 진화로 살아남는다.

제도의 진화와 인간의 선택

경제의 역사는 결국 제도의 역사다. 제도는 인간이 사회의 혼란 속에서 만들어낸 '질서의 언어'이며, '공존의 장치'다. 세종의 전분6등법은 과학과 공정의 타협이었고, 정조의 상공 개혁은 산업화의 첫발이었다. 조선의 실학자들은 균전론을 외쳤고, 그 외침은 한 세기 뒤 농지개혁으로 이어졌다.

제도는 권력자가 만드는 법이 아니라 시대의 합의로 태어난다. 대동법은 백성의 고통이 만든 개혁이었고, 조선은행의 설립은 자본의 필요가 낳은 제도였다. 역사는 늘 인간의 선택이 제도를 낳고, 그 제도가 다시 인간의 삶을 규정하는 순환의 고리를 반복해 왔다.

이 책이 '경제사'가 아닌 '경제학'이라 불리는 이유가 여기에 있다. 과거의 제도를 복기하는 것이 아니라, 그 속에 있는 논리와 원리를 해독하는 일이기 때문이다. 『한국사 경제학』은 그 기억을 해석하는 언어다.

기억을 미래로 번역하다

오늘의 한국 경제는 세계에서 가장 역동적인 구조를 지녔다. 그러나 동시에, 그 빠른 성장 속에는 아직 해소되지 않은 기억의 잔향이 남아 있다. 부의 편중, 세대 간 불평등, 지역 불균형. 이 모든 문제는 역사의 미완성에서 비롯된다.

『한국사 경제학』은 그 미완의 기억을 복원하려는 시도다. 우리가 다시 과거로 돌아가 묻는 이유는 그때의 잘못을 되풀이하기 위함이 아니라, 그때의 해답을 다시 불러오기 위해서다.

경제는 미래로만 나아가는 학문이 아니다. 미래를 설계하기 위해선 먼저 과거의 언어를 이해해야 한다. 한국의 역사에는 이미 지속 가능한 성장의 원리와 위기 극복의 방법이 들어 있다.

이 책은 그 기억을 해독하는 첫 번째 시도다. 역사는 사라지지 않는다. 그것은 제도의 흔적 속에, 사람의 선택 속에, 그리고 우리 모두의 DNA 속에 남아 있다.

2025년 겨울
정종석

제2부 화폐와 금융

제3부 무역과 교역

제10부 역사에서 찾는 미래의 길

에필로그

제1부

토지와 농업경제

- 땅에서 시작된 경제의 원형

한국 경제의 기원은 토지였다. 고조선의 공동체적 토지제도는 생산과 분배의 균형을 모색한 첫 실험이었다. 농경이 시작되면서 인간은 자연의 변덕을 제도화하려 했고, 그 결과가 바로 세금, 조세, 지대의 개념이었다. 토지는 단순한 생산수단이 아니라 권력의 기반, 그리고 부의 구조를 결정하는 '경제 DNA'였다.

삼국시대의 농업 기술과 관개시설, 고려의 전시과, 조선의 전분6등법과 대동법— 모두 토지를 둘러싼 분배의 문제를 해결하려는 시도였다. 조선 후기 실학자들의 균전론은 평등사상의 발현이자 근대적 경제정의의 전조였다. 이 흐름은 해방 후 농지개혁으로 이어져 토지의 소유에서 경작으로, 귀족의 권력에서 국민의 권리로 경제의 중심이 이동했다.

토지의 역사는 곧 한국 경제의 사회학이다. 부의 분배, 계층 이동, 지역 불균형 등 오늘의 문제는 모두 땅에서 비롯됐다. 『한국사 경제학』은 이 오래된 토지의 기억 속에서 경제 민주화의 뿌리를 찾는다.

고조선과 토지제도의 기원

단군 신화와 공동체적 토지 의식

고조선의 기원을 이야기할 때 우리는 단군 신화를 떠올린다. 신화는 역사적 사실을 그대로 전해주지는 않지만, 당시 사람들의 가치관과 경제적 생활상을 상징적으로 담고 있다. 단군 신화에 등장하는 '홍익인간(弘益人間)'의 이념은 단순히 도덕적 교훈을 넘어, 경제적 질서의 기초로 해석될 수 있다. 인간을 널리 이롭게 한다는 것은 곧 공동체의 자원을 함께 관리하고 나누자는 원리와 맞닿아 있기 때문이다.

고조선 사회는 초기 농경사회였다. 수렵과 채집이 여전히 중요한 생계 방식이었지만, 농업이 정착하면서 토지는 점차 생산수단의 중심이 되었다. 이때 토지에 대한 인식은 오늘날처럼 사적 소유의 개념이 확립되지 않았다. 오히려 공동체적 이용, 씨족 단위의 공유가 중심이었을 가능성이 크다. 이는 토지를 개인이 마음대로 사고파는 것이 아니라, 집단의 생존을 위해 함께 관리하는 자원으로 여겼음을 보여준다.

역사학자들은 고조선의 8조법금 가운데 일부에 토지 이용과 관련된 규범이 담겨 있었을 것으로 추정한다. 비록 기록으로 전해지는 조항은 제한적이지만, 공동체의 질서를 유지하기 위해 토지와 생산 수단을 둘러싼 규율이 필요했음은 분명하다. 토지는 당시 경제생활의 근간이자 공동체 정체성을 유지하는 기반이었고, 이러한 인식은 이후 한국 사회의 토지제도 전통으로 이어졌다.

농경 발달과 토지 지배구조의 형성

농경이 발달하면서 고조선 사회는 수렵·채집 위주의 이동 생활에서 벗어나 정착 생활로 전환하였다. 정착은 곧 토지를 경작하고 관리하는 제도가 필요함을 의미했다. 고조선 후기에는 철기 사용이 보편화되면서 농업 생산력이 크게 증대했고, 이에 따라 계층 분화와 사회적 불평등이 나타나기 시작했다.

토지가 공동체의 공유 재산으로 인식되던 단계에서, 점차 특정 집단이나 우두머리가 지배하는 토지 지배구조로 변모한 것이다. 역사 기록에는 부족장의 권한 강화와 귀족 세력의 형성이 나타난다. 이는 단순한 권력 집중이 아니라, 경제적 기반인 토지를 둘러싼 지배 관계의 심화를 의미한다. 토지를 더 많이 지배한 집단일수록 정치적 권력을 장악했고, 반대로 토지를 잃은 계층은 종속과 빈곤의 길을 걸었다.

이 시기에 등장한 노비 제도 역시 토지 지배와 밀접히 연결된다. 농업 노동력이 확대되면서, 토지 소유 집단은 노비를 확보해 생산을 유지하려 했다. 즉 토지제도는 단순한 땅의 분배 문제가 아니라, 사회 계층 구조와 권력관계를 결정하는 핵심 장치였다. 고조선의 토지 지배 체제는 후대 삼국시대의 토지제도, 나아가 고려와 조선으로 이어지는 장기적 전통의 뿌리가 되었다.

경제사적으로 보면 이는 '토지 집중 → 계층 분화 → 권력 재편'이라는 전형적 경로다. 토지제도는 농업 생산력의 수준에 따라 달라졌고, 농업 생산력은 다시 사회 구조를 바꾸었다. 오늘날 한국 사회가 여전히 토지를 둘러싼 갈등과 분배 문제에 민감한 것도, 뿌리를 거슬러 올라가면 고조선 시절부터 토지가 공동체 생존과 권력의 핵심이었기 때문이다.

고조선 토지제도의 교훈과 현대적 의미

고조선의 토지제도는 문헌 기록이 부족해 단편적으로만 전해지지만, 그 속에는 오늘날 한국 경제가 직면한 문제에 시사하는 바가 크다. 무엇보다 토지는 단순한 경제 자산이 아니라 공동체의 생존 기반이라는 인식이 중요하다. 이는 현대 한국에서 '토지 공개념' 논의와도 연결된다. 토지의 사적 소유와 시장 거래가 보편화된 오늘날에도, 주택 문제·부동산 가격 급등·농지 활용과 같은 현안은 사회적 합의와 공공적 규율을 요구한다.

또한 고조선에서 보듯 토지의 불평등한 지배구조는 계층 분화를 심화시켰다. 현대 한국에서도 부동산 불평등은 자산 격차, 세대 갈등, 지역 불균형을 낳고 있다. 따라서 고조선의 경험은 "토지 문제는 단순히 개인의 소유권 차원이 아니라 사회 전체의 형평성과 안정성에 직결된다"라는 교훈을 준다.

더 나아가, 고조선의 공동체적 토지 의식은 오늘날 지속 가능한 발전 논의에도 통한다. 토지를 환경·생태의 차원에서 본다면, 그것은 미래 세대와 공유해야 할 자산이다. 고조선 사람들이 집단으로 토지를 관리하며 생존을 도모했던 것처럼, 현대 사회도 토지를 단기적 이익이 아닌 장기적 지속성을 기준으로 다뤄야 한다.

고조선의 토지제도는 불완전했지만, 그 속에 담긴 공동체적 가치와 제도적 시도는 오늘날의 부동산·토지정책 논의에 살아 있는 교훈을 준다. 역사는 과거의 이야기가 아니라, 현재와 미래를 비추는 거울이다. 고조선의 땅에서 시작된 토지 경제의 원형은, 한국 경제가 앞으로 나아갈 길을 성찰하게 만드는 출발점이 된다.

삼국시대 농업 기술과
생산력 확대

철기 보급과 농업 생산력의 혁명

삼국시대의 가장 큰 경제적 전환점 가운데 하나는 철기의 본격적 보급이었다. 청동기가 주로 의례적 성격을 띠던 시대와 달리, 철기는 실질적으로 농업 생산성을 비약적으로 끌어올리는 도구였다. 쇠로 만든 쟁기, 낫, 괭이 등은 토지를 깊게 갈아엎고 단단한 땅을 개간하는 데 큰 힘을 발휘했다. 이로써 경작할 수 있는 토지가 넓어졌고, 단위 면적당 수확량도 증가했다.

철제 농기구의 확산은 농업 생산력뿐 아니라 사회 구조 전반을 바꾸었다. 생산력이 늘어나자, 잉여 곡물이 축적될 수 있었고, 이 곡물은 곧 정치권력과 군사력의 기반이 되었다. 고구려, 백제, 신라가 각기 강력한 중앙집권적 국가로 발전할 수 있었던 배경에는 철기 농업이 가져온 생산력 증대가 자리하고 있다.

특히 고구려는 만주 일대의 척박한 땅을 경작하기 위해 대규모 철제 농기구를 활용했고, 신라는 경상도 평야를 중심으로 철제 농업을 확산시켰다. 백제는 한강 유역과 호남평야에서 농업 생산을 기반으로 한강 유역을 장악하고 대외 교역에 나설 수 있었다. 철기 보급은 곧 국가 성립과 군사력 강화의 동력으로 작동했던 것이다.

관개시설과 농업 기술의 진화

철기 보급과 더불어 중요한 변화는 관개시설의 발달이었다. 삼국시대는 기후와 지형에 따라 농업 생산에 불안정성이 컸다. 이를 극복하기 위해 저수지와 수로 같은 관개시설이 구축되었다. 대표적인 사례로는 백제의 저수지 축조 기술이 꼽힌다. 오늘날까지 남아 있는 충남 부여의 저수지 유적은 당시의 토목기술과 농업 생산 의지를 잘 보여준다.

신라는 경주 일대를 중심으로 수리 시설을 확충하여 집약적 농업을 가능하게 했고, 고구려 역시 압록강 유역에서 관개 체계를 마련해 부족한 강우량을 보완했다. 이러한 수리 시설은 단순히 농업 생산력 향상을 넘어 국가의 조직력을 보여주는 지표였다. 대규모 토목공사가 가능해지려면 집권 세력의 지휘력과 노동력 동원이 필수였기 때문이다.

또한 삼국은 농업 기술의 발전을 뒷받침하는 농경의례와 제례를 중시했다. 이는 농업을 단순한 생계 수단이 아니라 국가적 의례와 권위의 원천으로 여겼음을 의미한다. 예컨대 신라는 봄·가을로 농사의 풍년을 기원하는 제사를 거행했는데, 이는 농업이 국가와 공동체의 운명을 좌우하는 핵심 산업이었음을 상징적으로 보여준다.

관개 기술과 농업 의례는 단순히 경제적 측면을 넘어 사회·정치적 통합의 기능을 했다. 풍요를 기원하는 의식은 백성의 신뢰를 결집했고, 안정적인 식량 확보는 전쟁과 외교의 기반이 되었다. 이처럼 삼국시대 농업 기술의 진화는 경제와 정치의 결합을 촉진하는 중요한 매개체였다.

농업 생산력 확대가 남긴 교훈

삼국시대의 농업 기술 발달과 생산력 증대는 이후 한국 경제 발전의 기초를 마련했다. 그러나 동시에 몇 가지 중요한 교훈도 남겼다.

첫째, 생산력의 증대가 곧 사회적 불평등을 심화시킬 수 있다는 점이다. 철기 농업과 관개시설의 확산은 생산량을 늘렸지만, 그 과실이 모든 백성에게 골고루 돌아간 것은 아니었다. 지배층은 토지와 생산 수단을 장악하며 권력을 강화했고, 농민은 종속적 지위로 전락하기도 했다. 농업 생산력이 곧바로 경제 민주화를 보장하지는 않는다는 사실을 삼국의 역사는 보여준다.

둘째, 국가적 차원의 투자와 기술 혁신이 경제 발전의 핵심 동력이라는 점이다. 철기 농기구 제작과 관개시설 건설은 개인이나 소규모 집단의 힘만으로는 불가능했다. 국가 권력이 이를 주도하고 지원했기에 가능한 일이었다. 이는 오늘날에도 국가의 산업정책과 인프라 투자가 경제 발전의 기초임을 시사한다.

셋째, 농업 기반은 곧 국가 경쟁력의 원천이라는 교훈이다. 삼국이 대외적으로 군사력을 과시하고 외교 관계를 확장할 수 있었던 것도 결국 농업 생산력이 뒷받침되었기 때문이다. 현대 한국 경제가 제조업·서비스업 중심으로 발전했지만, 여전히 식량 자급과 농업 기반은 국가 안보와 직결된 문제다. 삼국시대의 경험은 농업을 단순한 1차 산업이 아니라 국가 생존의 기반으로 보아야 한다는 점을 일깨운다.

삼국시대 농업 기술의 발달은 한국 경제사에서 생산력 혁명의 첫 걸음이었다. 철기 농기구와 수리 시설, 농업 의례와 국가 동원 체계는 오늘날 한국이 기술 혁신과 국가적 의지를 통해 경제를 일으킨 과정과도 닮았다. 역사는 반복된다. 농업 기술 발전을 통해 국가의 틀을 강화했던 삼국의 경험은, 오늘날 디지털·AI 전환기를 맞이한 한국 경제에 또 다른 성찰의 거울을 제공한다.

고려 전시과와
토지 분배의 한계

전시과 제도의 등장과 의의

  고려의 경제사에서 전시과(田柴科)는 가장 상징적인 토지제도였다. 전시과는 관리에게 토지를 지급해 생계를 보장하는 일종의 관료 보수 체계였다. 성종 14년(995년)에 처음 정비되어, 이후 목종·문종을 거치면서 여러 차례 개편되었다. 기본 정신은 "국가의 토지는 공적인 것"이라는 인식 아래, 관리에게 직역(職役)에 따른 토지를 분급하고, 봉직을 마치면 반납하게 하는 원칙이었다.

  이는 당시 농업사회에서 국가 운영의 안정성을 확보하는 획기적 장치였다. 중앙집권을 확립하려는 고려 왕조가 지방 호속 세력을 선제하고, 국가가 관리 집단을 직접 통제하기 위해 마련한 제도적 장치였기 때문이다. 관리들은 토지에서 얻는 수조권을 기반으로 생계를 유지할 수 있었고, 국가는 이를 통해 행정 체제를 안정적으로 운영할 수 있었다.

  전시과의 또 다른 의의는 국가의 토지 소유권을 명확히 한 것이다.

삼국시대와 통일신라 시기에 씨족·호족 단위의 토지 지배가 만연했던 것과 달리, 고려는 "토지는 국가의 것"이라는 원칙을 제도화했다. 이로써 왕권은 경제적 기반을 확보했고, 중앙집권 체제를 공고히 할 수 있었다. 전시과는 단순한 경제 제도를 넘어 고려 사회의 정치·사회 질서를 규정하는 핵심 장치였다.

제도의 한계와 붕괴 과정

그러나 전시과 제도는 태생적 한계를 안고 있었다. 가장 큰 문제는 재원의 부족이었다. 인구 증가와 관리 수의 확대에 비해 실제 경작할 수 있는 토지는 한정되어 있었다. 시간이 흐를수록 지급할 토지가 부족해졌고, 전시과는 점차 유명무실해졌다.

또 다른 한계는 사적 소유와 불법 점유의 확산이었다. 원칙적으로는 국가 소유 토지를 관리에게 분급하고 봉직이 끝나면 반납해야 했지만, 실제 현장에서는 달랐다. 권력 있는 귀족과 고위 관리들이 토지를 사적으로 점유하거나 세습하면서 전시과의 원칙은 무너졌다. 토지의 사유화가 심화하자 전시과는 점차 권력층의 이익을 정당화하는 장치로 전락했다.

11세기 이후로는 음서제(蔭敍制)와 같은 가문 중심의 관리 선발 제도와 결합하면서, 토지 분급의 공정성이 크게 흔들렸다. 관리 집단이 세습적 특권층으로 변모하자, 전시과는 본래 취지였던 국가적 균형 유지와는 거리가 멀어졌다.

문종 때(1076년) 개편된 경정전시과가 마지막 전시과였고, 이후 제도는 사실상 붕괴하였다. 12세기 이후에는 녹과전(祿科田)과 사원전(寺院田), 그리고 권문세족의 사전(私田) 확대가 토지 질서를 지배하게 되었다. 전시과는 국가 주도의 토지 분배 제도가 어떻게 제약과 모순 속에서 무너질 수 있는지를 보여주는 대표적 사례다.

고려 전시과가 남긴 교훈

고려 전시과의 역사는 오늘날 한국 경제에 여러 교훈을 던진다.

첫째, 국가의 토지정책은 지속 가능한 재원과 제도적 뒷받침이 필요하다는 점이다. 고려는 국가 토지를 관리에게 분배함으로써 중앙집권을 강화했지만, 실제 토지 자원의 한계에 부딪혀 오래 유지되지 못했다. 이는 현대의 부동산 정책에도 시사한다. 토지 공급이나 주택 정책은 단기 처방이 아니라, 장기적 지속 가능성을 고려한 제도적 뒷받침이 필요하다는 교훈이다.

둘째, 공적 제도는 사적 이해와 결탁할 때 쉽게 무너진다는 사실이다. 전시과의 붕괴는 단순히 토지가 부족해서가 아니라, 권문세족과 고위 관리들이 사익을 추구하면서 제도의 본래 정신이 훼손되었기 때문이다. 오늘날에도 부동산 투기, 특권층의 자산 집중 문제는 제도의 신뢰를 흔드는 요인으로 작용한다. 고려의 사례는 "제도가 아무리 훌륭해도 운영하는 집단의 청렴성과 공공성 없이는 실패한다"라는 사실을 분명히 보여준다.

셋째, 토지제도는 사회적 형평성과 정치적 안정에 직결된다는 점이다. 고려 전시과가 붕괴하면서 토지 불평등은 심화했고, 이는 농민 반란과 사회 불안으로 이어졌다. 공민왕 대에 이르러 권문세족의 토지 집중은 심각한 사회 문제로 비화했고, 결국 홍건적·왜구의 침입, 신흥 무인 세력의 대두와 같은 정치적 변동의 배경이 되었다. 이는 토지 불평등이 단순한 경제 문제가 아니라 사회·정치적 위기를 촉발할 수 있음을 말해준다.

오늘날 한국 사회가 겪는 부동산 불평등과 자산 격차 역시 같은 맥락이다. 토지 문제는 경제의 영역을 넘어 사회 전체의 안정을 좌우하는 문제다. 고려 전시과의 경험은 국가가 토지제도를 어떻게 설계하고 운영하느냐가 국민의 삶과 국가의 지속 가능성을 결정한다는 점을 명확히 보여준다.

조선 전기 전분6등법과
세종의 농업 개혁

전분6등법의 제정 배경과 의미

　조선 초기의 가장 중요한 농업 제도 가운데 하나가 전분6등법(田分六等法)이다. 이 제도는 세종 4년(1422년)에 마련된 것으로, 토지의 비옥도와 생산력을 기준으로 토지를 6등급으로 나누어 세금을 부과한 제도다. 이전 고려 시대의 토지제도는 지역별 편차와 관리의 자의적 판단이 많아 조세 부담의 형평성이 부족했다. 이를 바로잡기 위해 세종은 토지의 실제 비옥도를 조사하여 보다 과학적이고 공정한 조세 체계를 마련하고자 했다.

　전분6등법의 핵심은 공정과 균형이었다. 비옥한 토지는 높은 세금을, 척박한 토지는 적은 세금을 매겨 농민들의 부담을 현실에 맞게 조정했다. 이로써 국가 재정의 안정성을 확보하는 동시에, 농민들의 조세 부담을 완화해 농업 생산 의욕을 고취할 수 있었다. 세종이 직접 농사와 백성의 생활에 깊은 관심을 기울였음을 보여주는 대표적 사례라 할 수 있다.

이 제도는 단순히 세금을 매기는 기술적 문제를 넘어, 조선이 농본주의 국가임을 상징적으로 드러냈다. 농업을 근간으로 삼는 사회에서 세금 제도는 곧 국가와 백성 간의 관계를 규정하는 핵심 제도였다. 전분6등법은 세종의 정치철학, '백성이 곧 나라의 근본'이라는 인식이 구체적 정책으로 구현된 대표적 제도였다.

세종의 농업 개혁과 기술 혁신

전분6등법은 세종의 광범위한 농업 개혁 정책의 한 축이었다. 세종은 농업 생산력 향상을 위해 다방면의 제도를 추진했다.

첫째, 농사직설(農事直說) 편찬이다. 세종은 각 지역 농민의 경험과 농업 기술을 종합해 전국적으로 활용할 수 있는 농업 지침서를 만들게 했다. 이는 한국 최초의 국가 차원 농서(農書)로서, 지역별 토질과 기후에 따른 작물 재배법을 체계적으로 담았다. 농민들은 이를 참고해 보다 과학적이고 효율적인 농업을 실천할 수 있었다.

둘째, 농업 기술의 보급이다. 세종은 보습, 쟁기 등 농기구의 개량을 장려하고, 새로운 종자의 보급에도 관심을 기울였다. 이를 통해 단위 면적당 수확량을 높이고, 농업의 안정성을 강화했다. 특히 수리(水利) 사업을 적극적으로 추진하여 저수지와 보를 건설함으로써 가뭄에 대비했다.

셋째, 노동력과 세금 제도의 합리화다. 세종은 군역과 요역을 조정해 농민이 지나친 부담으로 농사에 지장을 받지 않도록 배려했다. 또한 흉년에 세금 감면을 하고, 구휼 제도를 강화하여 농민들이 생존할 수 있도록 했다. 이는 단순한 행정 개혁이 아니라, 농업을 국가 운영의 근간으로 삼고 농민을 보호하려는 철저한 농본주의 정책이었다.

세종의 농업 개혁은 농민의 삶을 안정시키고, 조선 전기의 국가 재정을 튼튼히 하는 데 크게 기여했다. 이는 훗날 조선이 장기적 평화를 누리며 발전할 수 있었던 중요한 토대였다.

전분6등법의 한계와 현대적 교훈

그러나 전분6등법과 세종의 농업 개혁이 모든 문제를 해결한 것은 아니었다. 우선, 토지의 등급을 6단계로 나눈다고 해도 지역 간 편차를 완전히 반영하기는 어려웠다. 관리들이 실제로 토지 비옥도를 정확하게 측정하기보다는 행정 편의에 따라 조세를 책정하는 사례도 많았다. 또한 시간이 흐르면서 제도의 원칙이 무너지고, 권력층의 이해관계에 따라 토지제도가 변질되는 경우가 적지 않았다.

세종의 노력에도 불구하고 토지 불평등의 구조적 문제는 여전히 남았다. 양반과 관료층이 토지를 집중적으로 소유하면서, 농민은 여전히 피지배적 지위에 머물렀다. 전분6등법이 농민의 조세 부담을 완화했지만, 토지 자체의 소유 구조를 바꾼 것은 아니었다. 따라서 토지제도의 근본적인 불평등은 조선 후기로 갈수록 심화하여 결국 농민 봉기와 사회 불안으로 이어졌다.

오늘날 한국 경제가 직면한 부동산 문제 역시 유사한 맥락에서 이해할 수 있다. 전분6등법이 세금의 공정성을 높였듯이, 현대의 보유세·양도세·재산세 제도도 형평성과 조세 정의를 지향한다. 그러나 세종 시대에 토지 소유 편중 문제가 해소되지 않았던 것처럼, 현대 한국에서도 부동산 자산 격차는 사회적 불평등을 낳는다.

또 하나의 교훈은 정치 지도자의 철학과 정책 의지가 경제 개혁의 성패를 좌우한다는 점이다. 세종은 백성을 근본으로 여기는 철학을 바탕으로 농업 개혁을 추진했기에 성과를 낼 수 있었다. 이는 오늘날 정책 결정자들이 경제 제도를 설계할 때도 깊이 새겨야 할 교훈이다. 단순한 기술적 제도가 아니라, 국민 생활을 지탱하고 사회적 정의를 구현하려는 철학이 담겨야 제도가 지속성을 가질 수 있다.

전분6등법과 세종의 농업 개혁은 한국 경제사에서 "공정성과 지속 가능성"이라는 두 가지 원칙을 강조한 사례였다. 제도의 완벽함보다 중요한 것은 그것이 담고 있는 철학과 국민적 신뢰였다. 역사는 이를 증명하고 있으며, 오늘날의 부동산·조세 정책 역시 같은 원리를 따라야 한다.

대동법 확대와 조세 체계 혁신

대동법의 등장과 배경

조선의 조세 제도 가운데 가장 획기적인 개혁으로 꼽히는 것이 바로 대동법(大同法)이다. 대동법은 광해군 때 경기도에서 처음 시행된 뒤, 인조와 효종, 숙종을 거치면서 전국으로 확대되었다. 본래의 취지는 기존의 공납제(貢納制)를 근본적으로 개혁하는 데 있었다.

공납제란 지방 특산물을 바치는 제도로, 지역마다 지정된 물품을 조세로 징수했다. 문제는 이 제도가 현실과 동떨어진 방식으로 운영되었다는 점이다. 관리들은 실제 수요와 무관한 물품을 과도하게 요구하거나, 지방 수취를 대가로 사사로운 이익을 챙겼다. 더구나 농민들은 직접 생산하지도 않는 특산물을 조달하기 위해 상인에게 비싼 값을 주고 구입해야 했다. 그 과정에서 백성의 부담은 눈덩이처럼 불어났다.

이 같은 폐단을 해결하기 위해 등장한 대동법은 공납을 특산물 대신 쌀·포·동전 등으로 통일해 징수하는 제도였다. 즉, 현물 대신 일정한 양의 곡식이나 포(布)로 납부하게 하여 공납의 불합리성을 줄이고자 한 것이다. 이 제도가 처음 실행된 곳이 경기도였던 이유는 중앙과 가까워 제도 시행의 효과와 한계를 빠르게 파악할 수 있었기 때문이다. 대동법은 단순한 세금 방식의 전환을 넘어, 백성 부담 경감과 국가 재정 합리화라는 두 가지 목표를 동시에 지닌 제도였다.

제도의 확대와 사회경제적 영향

대동법은 초기에는 반발도 컸다. 지방 수취를 통해 이익을 누리던 수령과 방납업자(防納業者)들이 강하게 저항했기 때문이다. 하지만 제도가 시행될수록 농민들의 부담이 완화되고, 국가 재정이 안정되면서 점차 전국으로 확대될 수 있었다. 인조 때 충청도·전라도로 확산했고, 숙종 대에는 마침내 전국적으로 시행되었다.

대동법의 확대는 조선 사회 전반에 커다란 변화를 불러왔다. 우선, 농민들은 불합리한 특산물 부담에서 벗어나 비교적 균등한 세금을 낼 수 있었다. 이는 농민 경제의 안정성을 높여 국가적 차원의 생산 기반을 강화하는 효과를 냈다. 또한 국가 재정이 쌀과 포, 동전 등으로 통일되면서 재정 운용의 효율성이 크게 향상되었다.

둘째, 대동법은 상품 화폐 경제의 발전을 촉진했다. 곡식과 포, 동전이 세금으로 통일되자, 조세 납부를 위한 시장 거래가 활발해졌다. 이는 상업의 성장으로 이어졌고, 농민과 상인이 경제 주체로서 활동할 수 있는 기반을 마련했다.

셋째, 대동법은 국가의 재정 구조를 중앙집권적으로 재편했다. 지방 관리들의 자의적 수취 권한이 약화했고, 조세 수입이 더 투명하게 중앙에 귀속되었다. 이로써 국가의 재정 기반이 강화되고, 행정 체계가 합리적으로 운영될 수 있었다.

대동법은 경제적 측면뿐만 아니라 사회 정치적 측면에서도 큰 파급력을 지녔다. 농민의 부담을 줄이고, 국가 재정을 합리화하며, 상업과 화폐 경제를 진전시킨 이 제도는 조선 후기 경제 발전의 토대가 되었다.

대동법의 한계와 오늘의 교훈

대동법은 조선 조세 제도의 혁신이었지만, 완전무결한 제도는 아니었다. 첫째, 대동법의 시행으로 공납의 폐단은 줄었지만, 여전히 전세(田稅)와 군포(軍布) 부담은 남아 있었다. 농민들은 전체 세금 구조 속에서 여전히 무거운 짐을 지고 있었고, 흉년이 들면 생존 자체가 위태로울 수밖에 없었다.

둘째, 대동법으로 징수된 곡식과 포, 동전이 지방에서 중앙으로 운송되는 과정에서 또 다른 폐단이 발생했다. 수송을 맡은 상인이나 관리들이 중간에서 이익을 챙기는 일이 많았고, 조세 운송 과정은 새로운 착취 구조로 변질되기도 했다.

셋째, 제도가 전국적으로 확대되는 과정에서 지역적 편차와 불균형이 나타났다. 특정 지역은 제도의 혜택을 크게 본 반면, 다른 지역은 여전히 기존 부담 구조에 얽매이는 경우도 있었다. 즉, 대동법이 모든 문제를 근본적으로 해결한 것은 아니었다.

그러나 대동법은 국가 조세 체계가 시대 변화에 맞추어 혁신할 수 있음을 보여준 사례로 평가할 수 있다. 농업 중심 사회에서 현물 공납의 비효율을 넘어, 화폐와 시장을 활용한 제도로 전환한 것은 시대를 앞서간 개혁이었다.

오늘날 한국 경제에서 대동법의 교훈은 분명하다. 조세 제도는 국민 생활과 직결되며, 시대 변화에 따라 끊임없이 조정되어야 한다는 것이다. 불합리한 제도를 개선하고, 국민의 부담을 공정하게 나누며, 국가 재정을 합리적으로 운용하는 것이야말로 조세 정책의 본령이다. 세종의 전분6등법과 함께 대동법은 조선 경제의 지속 가능성을 이끈 대표적 제도로, 지금도 세금 정의와 재정 혁신의 거울로 삼을 만하다.

실학자들의 토지개혁론

조선 후기의 토지 문제와 실학의 등장

조선 후기로 접어들면서 사회경제 구조는 큰 변화를 맞이했다. 대동법의 전국적 시행, 상품 화폐 경제의 확대, 상업 활동의 성장 등으로 경제적 활력이 일어났지만, 동시에 심각한 토지 불평등 문제가 고개를 들었다. 양반과 권문세족은 토지를 광범위하게 소유하고, 농민은 소작농으로 전락해 생존 기반을 잃는 경우가 많았다. 농업 생산력은 향상했지만, 그 혜택은 일부 특권층에 집중되었다.

이러한 모순 속에서 새로운 경제사상이 등장했는데, 그것이 바로 실학(實學)이다. 실학은 공허한 성리학적 명분론에서 벗어나 현실 문제 해결을 중시했다. 그중에서도 토지제도 개혁은 실학자늘이 가상 큰 관심을 기울인 분야였다. 실학자들은 토지의 불평등한 분배가 사회 혼란과 국가 쇠퇴의 원인이라고 보았고, 이를 해결하지 않고는 백성의 삶도, 국가의 존립도 보장할 수 없다고 판단했다.

조선 후기 실학자들의 토지개혁론은 크게 세 가지 방향으로 전개되었다. 균전론(均田論), 한전론(限田論), 여전론(閭田論)이 그것이다. 각

각의 구상은 성격이 달랐지만, 공통된 문제의식은 토지 집중을 완화하고 농민의 생존권을 보장하자는 데 있었다. 이는 오늘날에도 울림을 주는 중요한 경제적 사유이다.

균전론·한전론·여전론의 구상

가장 먼저 주목할 사상은 유형원(柳馨遠)의 균전론이다. 유형원은 모든 백성에게 일정한 토지를 분급해 생계를 유지할 수 있도록 해야 한다고 주장했다. 토지는 국가가 소유하고, 백성은 이를 경작하며 세금을 납부하는 방식이다. 그는 이를 통해 농민 최소한의 생계를 보장하고, 국가 재정을 안정시키려 했다. 그러나 그의 구상은 현실적으로 토지를 재분배하는 과정에서 기존 지배층의 저항에 부딪혀 실행 가능성이 낮았다.

두 번째는 이익(李瀷)의 한전론이다. 이익은 토지를 무한정 소유하는 것을 금지하고, 일정 규모 이상은 소유하지 못하도록 제한하자고 주장했다. 즉, 토지 상한제를 통해 토지 집중을 막고 농민의 생존권을 보장하자는 구상이었다. 이는 현실적으로 당시의 권문세족과 대지주들의 토지 독점을 견제하는 급진적 발상이었다. 하지만 역시 기득권의 저항과 제도화의 어려움으로 실현되지는 못했다.

세 번째는 정약용(丁若鏞)의 여전론이다. 정약용은 마을 단위의 공동체가 토지를 공유하고, 농민들이 함께 경작한 뒤 수확을 공동 분배하자는 방식을 제시했다. 그는 토지를 씨족 공동체적 단위로 운영하면 농민들의 최소한 생존이 보장될 뿐 아니라, 협동과 연대를 통한 경제적 안정이 가능하다고 보았다. 여전론은 오늘날 협동조합 운동과 유사한 발상으로, 공동체 기반의 토지 운영을 제시했다는 점에서 진보적 성격이 강했다.

이 세 가지 사상은 각각 성격과 방법론은 달랐지만, 근본적으로는 토지 불평등을 바로잡고 농민 경제를 안정시키려는 공통된 목표를 지니고 있었다. 실학자들의 토지개혁론은 조선 후기 사회경제 모순을 해결하려는 치열한 사유의 산물이자, 근대적 개혁 사상의 싹이었다.

실학 토지개혁론의 교훈과 현대적 의의

실학자들의 토지개혁론은 제도적으로 완성되지 못하고, 실제 정책으로 시행되지도 못했다. 그러나 그 사상적 유산은 오늘날에도 깊은 의미를 지닌다.

첫째, 경제적 불평등은 사회 불안을 낳는다는 교훈이다. 조선 후기 토지 집중은 농민 봉기와 사회 혼란을 야기했다. 현대 한국 사회에서도 부동산 자산의 불평등은 세대 갈등과 계층 양극화를 심화시키고 있다. 실학자들의 문제의식은 "토지와 자산의 불평등은 단순한 경제 문제가 아니라 사회 통합과 국가 지속 가능성을 좌우한다"라는 점을 일깨운다.

둘째, 제도의 개혁은 기득권의 저항을 뚫어야만 가능하다는 점이다. 균전론·한전론·여전론은 모두 현실적 저항에 막혀 실현되지 못했다. 이는 오늘날에도 마찬가지다. 부동산 세제 개혁, 토지 공개념 강화, 공공임대 확대 같은 정책이 추진될 때마다 강력한 이해집단의 반발이 따른다. 실학자들의 실패는 개혁의 필요성과 함께 정치적 리더십의 중요성을 보여준다.

셋째, 공동체적 가치와 사회적 연대의 중요성이다. 정약용의 여전론은 당시에는 급진적이었지만, 오늘날 협동조합·공동 농업·사회적 경제 모델과 연결된다. 단순한 소유권 재분배를 넘어, 공동체 단위의 협동을 통한 경제 운영이 필요하다는 그의 통찰은 21세기에도 여전히 유효하다.

실학자들의 토지개혁론은 실패한 사상으로만 평가될 수 없다. 오히려 조선 후기 사회의 모순을 직시하고, 이를 해결하기 위해 제시된 다양한 구상은 오늘날 한국 사회가 부동산 불평등 문제를 풀어가는 데 중요한 사상적 자원이 된다. 역사는 완결된 답을 주지 않지만, 질문을 던져 준다. 실학자들의 질문은 지금도 여전히 살아 있으며, 우리가 답을 찾아야 할 과제로 남아 있다.

일제 토지조사사업과
수탈 구조

토지조사사업의 추진 배경과 방식

    1910년 국권피탈 이후, 일제는 조선을 효율적으로 지배하고 경제적 이익을 극대화하기 위한 여러 정책을 시행했다. 그 가운데 가장 파급력이 컸던 제도가 바로 토지조사사업(1910~1918)이었다. 겉으로는 근대적 토지제도의 확립과 지적(地籍) 정리를 명분으로 내세웠지만, 실제 목적은 조선 농민의 토지를 합법적으로 수탈하고, 식민지 지배의 기반을 강화하는 데 있었다.

    토지조사사업은 대한제국 시절의 복잡하고 불완전한 토지 소유 구조를 빌미로 삼았다. 당시에는 문서보다 관습에 의존한 토지 소유가 많았고, 농민들은 대대로 경작해 온 땅을 정식 등기하지 않은 경우가 대부분이었다. 일제는 이를 '근대적 소유권 확립'이라는 핑계로 조사 대상으로 삼았다.

    실제 절차는 일본이 설립한 동양척식주식회사와 조선총독부가 주도했다. 토지 소유를 인정받으려면 문서 증빙이 필요했는데, 대다수

농민은 문서가 없었기에 '무권리자'로 판정되었다. 이 경우 토지는 국가 귀속 혹은 일본인 지주 소유로 편입되었다. 반면 일본인 이주민이나 일부 친일 지주들은 문서 제출을 통해 대규모 토지를 합법적으로 확보할 수 있었다.

이로써 토지조사사업은 농민의 전통적 경작권을 무력화하고, 일본인·친일 지주의 대토지 소유를 제도적으로 보장하는 수단이 되었다. 겉보기에는 '근대적 제도화'였지만, 실제로는 식민지 수탈 구조의 초석이었다.

농민 경제의 파탄과 사회 구조의 변화

토지조사사업의 결과, 조선 농민 사회는 심각한 타격을 입었다. 많은 농민이 대대로 경작해 온 땅을 잃고 소작농으로 전락했다. 소작농은 수확물의 절반 가까이 지주에게 소작료로 바쳐야 했고, 생활은 늘 빈곤에 시달렸다. 토지 소유 구조가 근본적으로 뒤틀리면서 지주-소작 관계가 식민지 농촌의 기본 질서로 굳어진 것이다.

농민들의 생활은 파탄에 이르렀다. 토지를 잃은 농민은 만주나 연해주로 이주하거나, 도시 노동자가 되어 불안정한 삶을 살아야 했다. 이 과정에서 전통적인 농촌 공동체는 붕괴했고, 사회적 양극화가 심화했다. 한편, 일본 자본과 결탁한 일부 지주와 친일 세력은 토지 집중을 통해 부를 축적하며 사회 상층부로 자리 잡았다.

토지조사사업은 단순한 토지 문제에 그치지 않았다. 농민 경제가 붕괴하면서 조선 사회 전반의 자립 기반이 약화했고, 식민지 경제 체제에 종속될 수밖에 없었다. 생산된 농산물은 일본으로 반출되었고, 조선은 일본 본토의 식량 공급지로 전락했다. 농민이 피땀 흘려 지은 곡식은 일본의 산업화와 군수 경제를 떠받치는 자원으로 흘러들어 갔다.

결국, 토지조사사업은 조선 농민의 생존권을 박탈하고, 일본의 이익을 극대화하는 구조적 장치였다. 이는 단순한 경제 수탈을 넘어, 조선 사회의 계층 구조와 생활 방식을 근본적으로 재편한 사회경제적 전환점이었다.

토지조사사업의 교훈과 오늘의 성찰

토지조사사업은 오늘날에도 깊은 교훈을 남긴다.

첫째, 제도적 명분이 언제든 약자의 권리를 억압하는 수단이 될 수 있다는 점이다. 일제는 '근대적 토지제도 확립'이라는 명분을 내세웠지만, 실제로는 농민의 경작권을 무시하고 지배자의 이익을 합법화했다. 이는 제도가 어떻게 설계되고 누구의 이익을 우선하는지에 따라 전혀 다른 결과를 낳을 수 있음을 보여준다. 현대의 부동산 정책 역시 '시장 안정'이라는 명분 아래 자산 불평등을 고착하거나, 특정 계층에 유리하게 작동할 위험이 있다.

둘째, 토지 불평등은 사회 전체의 안정성을 해친다는 교훈이다. 일제 토지조사사업으로 인한 소작농의 확대와 농민 빈곤화는 이후 항일운동과 사회적 저항의 원동력이 되었다. 이는 토지 문제를 단순한 경제 현상이 아닌 사회 통합과 정치 안정의 문제로 바라봐야 함을 시사한다. 오늘날에도 부동산 양극화와 주거 불안은 사회 갈등과 정치적 불신을 확대하는 핵심 요인이다.

셋째, 역사적 상처는 오늘날까지 이어진다는 점이다. 일제 강점기의 토지 수탈은 한국 사회에서 농지개혁과 토지 분배 문제가 해방 이후까지 지속해서 논의될 수밖에 없었던 이유다. 1950년대 농지개혁은 일제 강점기의 토지 불평등 구조를 해소하려는 노력으로 이해할 수 있다. 이는 과거의 제도가 현재와 미래의 경제 구조에 깊은 영향을 미친다는 사실을 잘 보여준다.

토지조사사업은 한국 경제사에서 뼈아픈 장면 중 하나다. 그러나 동시에, 불의한 제도를 극복하고 공정한 경제 질서를 세우려는 노력의 출발점이 되었다. 역사는 상처와 함께 교훈을 남긴다. 토지조사사업의 경험은 오늘날 우리가 토지와 자산의 공정한 분배, 사회적 약자의 권리 보호를 위해 어떤 제도를 마련해야 하는지 묻고 있다.

해방 후 농지개혁과 경제 민주화

해방 직후의 토지 문제와 개혁 필요성

1945년 해방은 한국 사회에 새로운 희망을 안겨주었지만, 동시에 심각한 사회경제적 과제를 드러냈다. 그중 가장 시급한 문제가 토지 문제였다. 일제 강점기를 거치며 조선 농민의 대다수는 토지를 상실하고 소작농으로 전락했다. 농산물 생산의 대부분은 일본으로 반출되었고, 남겨진 농민들은 빈곤과 착취 속에 살아야 했다. 해방 이후에도 여전히 지주가 땅을 소유하고 농민은 소작료를 바치는 구조가 유지되었다.

이 같은 상황에서 농지개혁은 단순히 경제정책이 아니라, 민족 해방의 완성을 위한 과제였다. 토지 없는 농민에게 자작농의 길을 열어주고, 사회적 불평등을 해소하는 일이야말로 새 국가 건설의 출발점이었다. 당시 농민들의 구호는 "땅 없는 농민에게 땅을"이었다. 이는 경제적 요구를 넘어 정치적·사회적 정의의 상징이 되었다.

1948년 정부 수립 이후 제헌 국회는 농지개혁법 제정을 최우선 과제로 삼았다. 법 제정 과정에서는 토지 분배 방식, 보상 여부, 분배 한

도 등을 두고 치열한 논의가 벌어졌다. 결국 1949년 「농지개혁법」이
제정되어, 한국 사회는 근대적 의미의 토지개혁에 나서게 되었다. 이
는 한국 현대사에서 가장 중요한 사회경제 개혁의 하나로 기록된다.

농지개혁의 내용과 사회경제적 효과

농지개혁의 핵심은 유상 매수, 유상분배였다. 즉, 국가가 일정 규모
이상의 토지를 지주로부터 사들여 소작농에게 분배하는 방식이었다.
당시 기준은 경지 면적 3정보(약 3헥타르) 이상 보유 토지였다. 이 초
과분을 정부가 매입해 소작농에게 분배했으며, 지주는 지가증권이
라는 보상 수단을 받았다. 소작농은 분배받은 토지를 5년간 분할 상
환하는 조건으로 자작농이 될 수 있었다.

농지개혁의 직접적 효과는 소작제도의 해체였다. 수백 년간 이어져
온 지주-소작 관계가 붕괴하고, 다수의 농민이 자작농으로 전환되었
다. 이는 농민의 경제적 자립을 가능하게 했고, 농촌 사회의 안정성
을 크게 높였다. 농민들은 자신이 경작한 땅에서 수확을 온전히 누
릴 수 있게 되면서 생산 의욕이 향상되었다.

또한 농지개혁은 사회적 민주화를 촉진했다. 지주층의 경제적 기반
이 약화하면서, 전통적 신분 구조가 무너졌다. 농민들은 더 이상 지주
에게 종속되지 않고, 독립된 경제 주체로서 사회에 참여할 수 있었다.
이는 농촌 사회의 민주주의 발전을 이끄는 중요한 전환점이었다.

경제적으로도 농지개혁은 향후 한국 산업화의 기반을 마련했다.

농민의 소득이 안정되면서 내수시장이 형성되었고, 농촌 인구가 산업 노동력으로 이동할 수 있는 여건이 조성되었다. 학계에서는 한국의 고도성장 배경 중 하나로 농지개혁의 성과를 꼽는다. 농민들이 토지에서 해방됨으로써 교육·산업 등 새로운 영역으로 진출할 수 있었기 때문이다.

농지개혁의 한계와 오늘의 교훈

농지개혁은 역사적으로 커다란 성과를 거두었지만, 동시에 여러 한계도 남겼다.

첫째, 유상 매수·유상분배 방식의 제약이다. 농민이 분배받은 토지를 상환하기 어려워 다시 매각하거나 지주에게 흡수되는 경우가 많았다. 또한, 지주에게 지급된 지가증권은 실질 가치가 낮아 불만이 적지 않았다. 결과적으로 토지개혁이 완전한 경제적 형평성을 실현하지는 못했다.

둘째, 농지개혁은 토지 분배 문제를 해결했지만, 농업 생산성의 획기적 향상으로 이어지지는 못했다. 토지가 소규모로 분할되면서 영세 농가가 늘어났고, 이는 농업 구조의 비효율성을 고착화시켰다. 산업화 과정에서 농촌의 소득 정체와 도시-농촌 격차가 확대된 배경에는 이 같은 구조적 한계가 자리했다.

셋째, 농지개혁이 이룬 경제 민주화의 성과는 이후 부동산 문제와 연결되며 다시 도전받았다. 1960년대 이후 산업화·도시화가 가속화되면서, 농지가 아닌 도시 토지가 자산 불평등의 핵심으로 떠올랐다. 즉, 농지개혁이 부동산 문제를 근본적으로 해결한 것은 아니었다.

그런데도 농지개혁은 한국 사회가 경제 민주화를 제도적으로 실현한 최초의 사례로 평가된다. 소작제를 해체하고 농민의 생존권을 보장했다는 점에서, 한국 민주주의의 뿌리는 농지개혁에서 시작되었다고 해도 과언이 아니다.

오늘날에도 농지개혁의 교훈은 여전히 중요하다. 부동산 불평등, 세대 간 자산 격차, 주거 불안 등은 현대 한국 사회가 직면한 큰 과제 중 하나다. 해방 후 농지개혁이 그 시대 농민의 생존권을 보장하고 사회를 민주화한 것처럼, 오늘날의 토지·주택 정책도 시대적 불평등을 해소하는 방향으로 설계되어야 한다. 역사는 반복되지 않지만, 그 속의 교훈은 오늘을 살아가는 이들에게 여전히 유효하다.

제2부

화폐와 금융

- 신뢰로 세운 경제의 피, 돈의 역사

화폐는 사회가 만든 약속이다. 고려가 처음 은화를 주조했을 때 사람들은 그것을 믿지 않았다. 조선의 상평통보가 유통되기까지는 세대의 시간이 필요했다. 그만큼 돈은 제도보다 신뢰의 산물이었다.

환곡제의 모순, 민간 사채의 팽창, 조선은행의 설립, 식민지 금융 통제, 그리고 해방 이후의 화폐개혁과 인플레이션 등 모든 과정은 국가가 신뢰를 어떻게 관리했는가의 역사였다. '돈의 가치'는 경제학이 아니라 역사와 윤리의 문제였다.

한국의 금융사는 위기 때마다 새롭게 쓰였다. IMF 외환위기는 통화의 위기이자 신뢰의 붕괴였고, 그 이후의 금융개혁은 신뢰를 회복하는 과정이었다. 화폐와 금융의 진화는 곧 '국민이 제도를 믿을 수 있는가'의 여정이었다. 경제의 심장은 돈이 아니라 신뢰다.

고려 화폐 유통 시도와 한계

화폐 도입의 배경과 초기 시도

고려는 건국 초기부터 대외 교류가 활발한 국가였다. 중국 송나라와의 무역, 거란·여진과의 교섭, 일본과의 교역 등이 이루어졌고, 그 과정에서 화폐의 필요성이 점차 커졌다. 곡물과 포(布), 동물 가죽 등 물물교환이 기본이었지만, 교역량이 늘어나면서 교환 수단이 복잡해지고 거래 비용도 증가했다. 이에 따라 고려는 화폐를 도입해 상업 활동을 원활히 하고, 국가 재정의 효율성을 높이고자 했다.

고려의 화폐 사용 시도는 성종 대에 시작된다. 송나라 화폐를 도입해 유통을 시도했지만, 농업 중심의 사회 구조와 낮은 상업 발달 수준 때문에 정착하지 못했다. 이후 숙종은 본격적으로 국내 수조 화폐 정책을 펼쳤다. 숙종 3년(1098년)에 해동통보(海東通寶)를 비롯한 여러 동전을 주조해 유통을 추진한 것이다. 이는 동아시아 경제 질서 속에서 고려가 '근대적 화폐 경제'로 진입하려 했음을 보여준다.

그러나 화폐 발행이 곧바로 화폐 경제의 정착으로 이어지지는 않았다. 당시 백성들은 여전히 쌀이나 베와 같은 실물 가치에 익숙했다. 동전은 낯설고 신뢰도가 낮았으며, 물가 변동에 따라 가치가 불안정하게 느껴졌다. 고려의 초기 화폐 정책은 시대적 선구성이 있었지만, 사회적·경제적 기반의 부족으로 인해 기대만큼 효과를 거두지 못했다.

화폐 유통의 난관과 실패 요인

고려 화폐 유통이 정착하지 못한 데에는 몇 가지 뚜렷한 이유가 있었다.

첫째, 경제 구조의 한계였다. 고려 사회는 농업 중심 구조로, 자급자족적 생활이 보편적이었다. 농민들은 세금을 곡물과 포로 납부했고, 일상 거래 역시 실물 교환에 의존했다. 화폐를 사용해야 할 필요성이 크지 않았기 때문에, 동전은 자연스럽게 외면당했다.

둘째, 신뢰 부족이다. 백성들에게 화폐는 단순한 금속 조각일 뿐이었다. 쌀이나 베처럼 생활에 직접 쓰이는 물건과 달리, 동전은 그 자체로 효용이 없었다. 화폐가 안정적으로 기능하려면 강력한 국가적 신뢰와 시장의 합의가 필요했지만, 당시 고려의 행정력은 이를 뒷받침하기에 미흡했다.

셋째, 위조와 유통망의 미비다. 화폐를 주조했지만, 지방 곳곳에 골고루 퍼지지 못했다. 유통이 제한되면서 도성이나 주요 교역지 외에서는 화폐 사용이 사실상 불가능했다. 게다가 위조 동전이 적지 않아 신뢰를 더 떨어뜨렸다.

넷째, 정치·군사적 불안정도 영향을 끼쳤다. 거란·여진과의 전쟁, 몽골 침략 등으로 국가 재정은 곤궁했고, 안정적 화폐 정책을 지속할 여력이 부족했다. 전시에는 오히려 곡물과 같은 실물이 더 중요한 교환 수단이 되었다.

결과적으로 고려의 화폐 정책은 초기 시도에 머무르며 실패로 평가된다. 화폐가 전국적으로 정착하지 못하고, 일부 지역에서 제한적으로 쓰이다가 사라진 것이다. 이는 사회경제적 기반이 준비되지 않은 상태에서 제도만 도입했을 때 어떤 결과가 나타나는지를 잘 보여준다.

고려 화폐 시도의 교훈과 현대적 의미

고려 화폐 유통의 실패는 단순히 과거의 해프닝이 아니다. 오늘날에도 통화 정책과 금융제도를 설계할 때 되새겨야 할 교훈이 많다.

첫째, 경제 제도는 사회적 기반과 함께해야 성공한다는 점이다. 고려가 화폐를 도입하려 한 의도는 옳았지만, 상업 발달 수준과 사회적 신뢰가 뒷받침되지 못했다. 현대에도 디지털 화폐, 가상자산, 중앙은행 디지털 화폐(CBDC) 같은 새로운 제도를 도입할 때, 기술 자체보다 사회적 수용성과 신뢰가 더 중요하다.

둘째, 신뢰 없는 화폐는 기능하지 못한다는 교훈이다. 백성들에게 동전은 쓸모없는 쇳덩이에 불과했다. 이는 국가와 시장이 보장하는 신뢰가 있어야 화폐가 교환 수단과 가치 저장 수단으로 작동할 수 있음을 보여준다. 오늘날에도 금융 시스템의 안정성, 정부 정책의 신뢰도가 경제의 핵심 동력인 이유가 여기에 있다.

셋째, 국제 교역과 연계된 화폐 정책의 중요성이다. 고려는 송나라와의 무역을 통해 화폐 사용의 필요성을 체감했지만, 국내 기반이 이를 따라가지 못했다. 오늘날 한국 경제도 글로벌 금융 시장과 긴밀히 연결되어 있다. 환율 정책, 국제 금융 규범 준수 등이 중요한 이유는 고려 시절부터 이어지는 역사적 교훈이라 할 수 있다.

고려 화폐 정책은 실패했지만, 그 시도 자체는 의미가 있었다. 비록 백성들에게 외면받았지만, 그것은 한국 사회가 근대적 화폐 경제로 나아가는 첫걸음이었다. 제도가 현실에 뿌리내리기까지는 시간이 필요하다. 고려의 경험은 오늘날 새로운 금융제도를 도입할 때 제도의 철학·사회적 신뢰·경제 기반이 얼마나 중요한지를 일깨워 준다.

상평통보의 등장과
조선 화폐 경제

상평통보의 발행 배경과 의도

조선 사회에서 화폐의 본격적 정착을 이끈 사건은 바로 상평통보(常平通寶)의 발행이었다. 이전에도 고려의 동전 주조나 조선 전기의 화폐 정책이 시도되었으나, 모두 사회적 기반 부족과 신뢰 부족으로 정착하지 못했다.

17세기 들어 조선은 임진왜란과 병자호란을 겪으며 막대한 경제적 피해를 보았고, 국가 재정은 곤궁해졌다. 이 과정에서 곡물과 포(布)를 통한 조세 수취와 거래는 점점 비효율적이었다.

특히 전란 이후 상업 활동이 활발해지면서, 교환의 매개 수단에 대한 수요가 커졌다. 농민과 상인은 물론, 국가 재정 운용에서도 곡물 대신 사용 가능한 안정적인 화폐가 절실했다. 이에 숙종 대(1678년)에 상평통보가 발행되었다. '상평(常平)'이라는 이름은 원래 곡물 가격 안정을 위한 제도인 상평창에서 따온 것으로, 화폐 발행이 곡물 유통 안정과 직결됨을 의미했다.

상평통보는 동전의 형태로 주조되어 유통되었으며, 전국적으로 통용되도록 강력히 추진되었다. 이전의 화폐 시도와 달리, 상평통보는 국가 차원의 제도적 의지와 사회적 수요가 맞물리면서 비교적 성공적으로 정착할 수 있었다. 이는 조선 경제가 실물 경제 중심에서 점차 화폐 경제로 전환되는 분기점이었다.

상평통보의 유통과 경제적 파급

상평통보의 유통은 조선 사회에 중대한 변화를 불러왔다.

첫째, 조세와 재정의 효율성 제고다. 국가가 세금을 동전으로 거두기 시작하면서, 곡물이나 포를 직접 운송하는 부담이 크게 줄었다. 이는 재정 운용의 효율성을 높이고, 국가 재정의 안정성을 강화했다. 지방에서 거둔 세금을 중앙으로 옮기는 과정이 간소화되면서, 행정력 또한 향상되었다.

둘째, 상업 활동의 활성화다. 상평통보는 시장에서 교환의 표준 수단으로 자리 잡았다. 농민들은 잉여 생산물을 판매하고 동전을 받아 필요한 물품을 구입할 수 있었고, 상인들은 지역 간 거래를 더욱 원활하게 할 수 있었다. 이는 전국 시장망의 확대와 도시 상업의 발전으로 이어졌다. 18세기 이후 한양·개성·평양과 같은 대도시는 물론, 지방 장시(場市)도 활기를 띠게 되었다.

셋째, 화폐 경제의 일상화다. 상평통보는 단순한 거래 수단을 넘어, 가치 저장과 회계 단위로서 기능하기 시작했다. 일부 상인들은 화폐를 모아 자본으로 축적했고, 이는 상업 자본의 성장으로 연결되었다. 또한 화폐 유통은 금융 활동, 즉 사채·환전·대부의 확대를 낳았다. 조선 후기에 나타난 사상(私商)과 송상(松商) 같은 전문 상인 집단은 상평통보 유통이 없었다면 등장하기 어려웠다.

상평통보의 파급력은 단순히 경제적 차원에 그치지 않았다. 화폐 유통은 사회 계층의 변화를 촉진했다. 상인과 중인이 경제적 영향력을 확대했고, 농민들도 화폐를 통해 사회적 이동의 기회를 모색할 수 있었다. 이는 조선 후기 사회 구조의 변화를 이끄는 원동력이 되었다.

상평통보의 한계와 현대적 교훈

그러나 상평통보가 모든 문제를 해결한 것은 아니었다.

첫째, 지역별 유통 격차였다. 한양과 대도시, 주요 교역지에서는 상평통보가 활발히 쓰였지만, 농촌이나 산간 지역에서는 여전히 곡물·포·실물이 주된 거래 수단이었다. 즉, 화폐 경제는 전국적으로 균질하게 정착하지 못했다.

둘째, 화폐 가치의 불안정이다. 국가 재정이 어려울 때마다 농전을 과도하게 주조하면서 화폐 가치가 흔들렸다. 특히 동전 주조에 사용되는 구리의 확보가 원활하지 않아, 동전의 품질과 가치가 불안정했다. 이에 따라 물가 변동과 혼란이 발생하기도 했다.

셋째, 제도의 한계다. 상평통보는 거래 수단으로서 기능했지만, 자본 축적과 금융제도의 본격적 발전으로 이어지지는 못했다. 상업 자본이 성장했음에도, 신분제와 농본주의 이념이 강하게 작용해 상인의 사회적 지위는 크게 향상되지 못했다. 따라서 조선의 화폐 경제는 근대적 금융제도로 발전하기보다는 제한적 수준에 머물렀다.

이러한 한계에도 불구하고 상평통보의 등장은 한국 경제사에서 중요한 의미를 지닌다. 오늘날의 시각에서 보면, 상평통보는 단순한 동전이 아니라 국가와 시장이 함께 만들어낸 제도적 신뢰의 산물이었다. 화폐는 단순한 금속이 아니라, 사회적 합의와 신뢰가 담긴 제도라는 사실을 상평통보는 잘 보여준다.

현대 한국 경제에서도 화폐와 금융제도는 여전히 신뢰가 핵심이다. 중앙은행의 통화 정책, 금융시장의 안정, 디지털 화폐 도입 논의 등은 모두 사회적 신뢰와 제도적 기반이 없으면 작동하기 어렵다. 조선 후기 상평통보의 경험은 화폐제도의 성공과 실패가 기술이나 자원 문제만이 아니라, 국가 정책과 사회적 신뢰의 결합에 달려 있음을 일깨운다.

환곡제와 백성의 금융 고통

환곡제의 기원과 제도적 취지

환곡제(還穀制)는 본래 백성을 돕기 위한 제도로 출발했다. 고려와 조선의 국가 운영에서 큰 과제 중 하나는 흉년과 기근에 대비하는 일이었다. 농업사회에서 흉작은 곧 생존의 위기였다. 이에 국가는 평년의 곡식을 비축해 두었다가 흉년에 빌려주고, 수확기에 갚게 하는 제도를 마련했는데, 이것이 환곡제다.

조선에서는 세종 때 설치된 의창(義倉)과 상평창(常平倉)이 환곡제의 모태였다. 의창은 흉년이 들면 가난한 백성에게 곡식을 빌려주었고, 상평창은 곡가의 폭등과 폭락을 막기 위해 곡식을 풀거나 사들여 가격을 안정시켰다. 이러한 제도는 사회적 안전망으로서 중요한 기능을 했다.

환곡제의 취지는 분명히 백성 보호와 민생 안정이었다. 일시적으로 곡식을 빌려주고 추수 후 돌려받는 구조는 농민들에게 '국가가 곁에 있다'라는 신뢰를 줄 수 있었다. 실제로 제도가 정상적으로 운용될 때는 흉년에도 기근을 막을 수 있었고, 농민들은 재기할 수 있었다. 하지만 이상과 현실은 달랐다. 시간이 흐르면서 환곡제는 백성에게 도움을 주기는커녕 오히려 고통을 안겨주는 제도로 변질되었다.

제도의 변질과 백성의 고통

환곡제가 본래의 기능을 상실한 이유는 크게 세 가지다.

첫째, 관리의 부패와 착취다. 곡식을 빌려주고 거두는 과정에서 지방관과 아전들은 본래 이율보다 더 많은 곡식을 요구했다. 예를 들어 1석을 빌려주면 1석만 돌려받아야 하지만, 실제로는 1.5석, 심하면 2석 이상을 거두는 예도 있었다. 이는 백성들에게 '국가의 제도'가 아니라 '관리의 사적 수탈'로 다가왔다.

둘째, 과도한 이자 구조다. 제도상으로는 일정한 이자를 붙여 곡식을 거두었는데, 이는 백성이 빌린 양보다 더 많은 양을 돌려줘야 함을 의미했다. 문제는 흉년이 반복될 경우 상환이 불가능해진다는 점이었다. 이자는 눈덩이처럼 불어나 농민의 부담은 가중되었다. 농민들은 결국 빚을 갚지 못해 토지를 잃거나, 신분적으로 추락해 노비로 전락하기도 했다. 환곡제는 점차 빈곤의 악순환을 낳는 구조가 되어버렸다.

셋째, 제도의 강압적 성격이다. 환곡은 '빌려준다'라는 명목이었지만, 실제로는 의무적으로 받아야 하는 경우가 많았다. 지방관들은 환곡을 빌려주고 이자를 챙기는 것을 자신의 수입원으로 삼았기 때문에, 백성들에게 필요 여부와 상관없이 곡식을 강제로 떠안겼다. 농민들은 빚을 지고 싶지 않아도 피할 수 없었고, 이는 결국 고통의 사슬로 이어졌다.

이러한 변질은 조선 후기 사회 불안을 촉발하는 중요한 요인이 되었다. 농민 봉기와 민란의 배경에는 늘 환곡의 폐단이 자리했다. 예컨대 19세기 홍경래의 난이나 동학농민운동 등도 환곡의 부정과 관련된 농민들의 불만을 직접적 요인 중 하나로 삼았다.

환곡제가 남긴 교훈과 현대적 시사점

환곡제의 역사는 오늘날 한국 사회에도 여러 교훈을 준다.

첫째, 사회 안전망의 변질은 오히려 더 큰 해악을 낳는다는 교훈이다. 환곡은 원래 백성을 살리기 위한 제도였지만, 운영 과정의 부패와 관리의 탐욕으로 인해 고통의 원천이 되었다. 이는 오늘날의 복지제도나 금융지원 정책에도 해당한다. 제도가 아무리 좋은 취지로 만들어져도, 운영 과정에서 투명성과 공정성이 확보되지 않으면 오히려 불신과 피해를 낳을 수 있다.

둘째, 채무 구조의 악순환은 사회 전체의 안정을 해친다는 점이다. 환곡제의 고리채 성격은 농민을 빈곤으로 몰아넣고, 결국 사회적 저항으로 폭발했다. 현대 한국에서도 가계부채, 고금리 대출, 금융 취약계층 문제는 사회 불안 요인으로 작용하고 있다. 환곡제의 역사는 채무 문제를 방치할 경우 경제적 위기를 넘어 정치·사회적 위기로 확산할 수 있음을 경고한다.

셋째, 제도의 신뢰가 국가 운영의 핵심임을 보여준다. 백성들은 처음에는 환곡제를 '국가가 자신들을 보호한다'라는 상징으로 받아들였지만, 점차 '국가가 자신들을 수탈한다'라는 불신으로 바꾸었다. 이는 국가 권위와 정당성을 약화했다.

오늘날에도 금융제도와 복지정책은 국민의 신뢰를 기반으로 한다. 신뢰를 잃은 제도는 기능할 수 없고, 국가 운영에도 심각한 타격을 준다.

환곡제는 제도가 어떻게 출발했는지가 아니라, 어떻게 운영되느냐가 중요하다는 사실을 일깨운다. '백성을 살리려던 제도'가 '백성을 옥죄는 굴레'로 변질된 역사적 경험은, 오늘날에도 금융제도의 설계와 운영에서 반드시 기억해야 할 교훈이다.

조선 후기 사채와
민간 금융의 성장

제도권 금융의 부재와 사채의 확산

조선 후기 사회경제 구조는 농업 중심에서 점차 상업과 수공업이 활성화되는 방향으로 변했다. 장시(場市)의 확대, 전문 상인의 등장, 대외 교역의 증가 등은 교환과 거래의 규모를 크게 키웠다. 하지만 이를 뒷받침할 제도적 금융 시스템은 부재했다. 국가는 여전히 농본주의 이념을 고수했고, 상업과 금융을 천시했기 때문이다.

이 공백을 메운 것이 바로 사채(私債)였다. 사채란 국가나 공공기관이 아닌 개인이 돈이나 곡식을 빌려주고 이자를 받는 민간 금융 형태를 말한다. 조선 사회에서는 곡물이나 동전이 모두 사채 거래의 대상이 되었으며, 환곡이나 공적 금융제도의 부족을 대신하는 기능을 했다.

사채는 백성들의 생계유지와 상업 활동을 가능하게 하는 중요한 수단이었다. 흉년이 들었을 때 농민들은 지주나 부호에게 곡식을 빌려야 했고, 상인들은 장거리 교역을 위해 자금을 조달해야 했다. 그러나 이 과정에서 고리대(高利貸)가 만연하면서 사채는 양날의 검이 되었다. 즉, 사채는 금융의 빈자리를 채웠지만, 동시에 백성들의 빈곤을 심화시키는 원인이 되었다.

민간 금융의 성장과 사회경제적 영향

조선 후기의 사채는 단순한 생계 대부를 넘어, 점차 민간 금융의 성장으로 이어졌다.

첫째, 상업 자본의 축적이다. 송상(松商), 만상(萬商), 경강상인 등 전문 상인 집단은 사채를 활용해 자본을 확대했다. 그들은 장거리 교역에 필요한 자금을 조달하거나, 사채를 통해 이익을 축적하며 경제적 영향력을 키웠다. 이는 전통적 농업사회에서 상업 자본이 성장하는 계기가 되었다.

둘째, 도시 상업과 환전업의 발달이다. 한양, 개성, 평양 등 대도시에서는 화폐 유통이 확대되면서 환전업과 대부업이 활기를 띠었다. 사채업자들은 단순히 돈을 빌려주는 데 그치지 않고, 환전·보관·송금 같은 기능도 수행했다. 이는 근대적 은행 기능의 원시적 형태로 평가할 수 있다.

셋째, 사금융 네트워크의 형성이다. 친척·이웃 간의 대부뿐만 아니라, 특정 계층과 지역 상인들 사이에 조직적 금융 네트워크가 형성되었다. 예컨대 계(契)모임은 공동 자금 운용의 형태로, 생활자금 마련과 상업 자본 축적에 기여했다. 이는 공동체적 연대를 기반으로 한 금융 활동으로, 현대의 협동조합과 유사한 성격을 지닌다.

그러나 이러한 민간 금융의 성장은 동시에 사회적 양극화를 심화시켰다. 자본을 축적한 일부 상인과 지주층은 경제적 권력을 장악했고, 농민과 서민은 고리대의 늪에 빠져 토지를 잃거나 채무 노예 상태로 전락했다. 이는 조선 후기 농민 봉기와 사회 불안의 구조적 배경이 되었다.

사채와 민간 금융의 교훈과 현대적 의의

조선 후기 사채와 민간 금융의 역사는 오늘날에도 여러 시사점을 던진다.

첫째, 제도권 금융의 부재는 비공식 금융의 팽창을 낳는다는 교훈이다. 조선 후기 국가가 금융제도를 마련하지 않자, 사채가 그 빈자리를 채웠다. 이는 오늘날에도 제도권 금융이 취약계층을 포괄하지 못할 때, 고금리 사금융이나 불법 대부업이 성행하는 현상과 닮았다. 금융의 공백은 언제나 더 큰 사회적 비용으로 돌아온다.

둘째, 민간 금융은 위험이지만 동시에 혁신의 공간이라는 점이다. 조선 후기 사채는 농민을 옥죄는 고리대였지만, 동시에 상업 자본의 성장과 금융 기능의 다변화를 이끌었다. 이는 현대의 핀테크나 P2P 금융처럼 제도권이 닿지 못하는 영역에서 새로운 금융이 등장하는 현상과 유사하다. 따라서 민간 금융을 단순히 억압하기보다는 제도권 안으로 흡수·관리하는 노력이 필요하다.

셋째, 금융의 사회적 책임이다. 사채는 경제적 필요에서 탄생했지만, 통제되지 않은 이자와 착취는 사회 불평등을 심화시켰다. 오늘날 금융기관 역시 단순히 이윤 추구를 넘어 사회적 책임을 다하지 않으면, 금융은 사회적 불신의 대상이 될 수 있다. 금융은 자금을 공급하는 도구일 뿐 아니라, 사회적 안전망이자 경제 성장의 동력이 되어야 한다.

결국, 조선 후기 사채와 민간 금융의 역사는 금융의 두 얼굴을 보여준다. 그것은 위기의 순간 백성을 살리는 생명줄이기도 했지만, 동시에 고리대라는 덫으로 빈곤을 심화시키기도 했다. 이 양면성은 오늘날에도 여전히 반복된다. 따라서 금융제도를 설계할 때는 '금융 포용성'과 '사회적 신뢰'를 핵심 원칙으로 삼아야 한다. 역사 속 사채의 경험은 현대 금융정책의 방향성을 고민하는 데 소중한 자산이 된다.

개항기 은본위·금본위 논쟁

개항과 은본위 화폐의 유입

　19세기 후반, 개항을 맞은 조선은 전통적 동전 화폐 체제에서 벗어나 국제 무역의 세계로 편입되었다. 동아시아 무역에서 주로 사용되던 것은 은화였다. 일본과 청나라 상인들이 은화를 들여오면서 조선 시장에서도 점차 은이 거래의 중심으로 자리 잡았다. 이는 조선이 본격적으로 은본위 체제에 진입하는 출발점이었다.

　그러나 전통적 동전과 은화의 병존은 화폐 가치 혼란을 불러왔다. 은은 국제 무역에서는 안정적 가치를 지녔지만, 국내에서는 여전히 동전 사용이 많아 환율 변동과 물가 불안을 낳았다. 일부 상인과 관료들은 은본위 체제를 제도적으로 확립해야 한다고 수장했으나, 다른 한편에서는 국제 금융 흐름에 맞춰 금본위 체제로 곧바로 전환해야 한다는 목소리도 커졌다.

은본위와 금본위 논쟁의 전개

19세기 말 세계 금융 질서는 빠르게 변화하고 있었다. 청일전쟁 이후 일본은 1897년 금본위제를 도입하며 국제 금융의 신뢰를 얻었고, 서구 열강도 대부분 금본위제를 채택하고 있었다. 이에 따라 조선 내부에서도 은본위제를 유지할 것인가, 금본위로 전환할 것인가를 둘러싼 논쟁이 본격화되었다.

은본위론자들은 조선의 현실을 강조했다. 국내 시장에서 여전히 은화 유통이 활발했고, 농민과 상인들은 은에 익숙했다. 따라서 무리한 금본위 전환은 혼란을 키울 것이라는 우려가 컸다. 반면 금본위론자들은 국제 무역과 금융에서 신뢰를 얻으려면 반드시 금본위로 전환해야 한다고 주장했다. 금본위제는 국제 자본시장에서 조선을 인정받게 하고, 외국 자본을 유치하는 기반이 될 수 있었다.

결국 대한제국은 1901년 「화폐 조례」를 통해 금본위제를 선언했지만, 실제 운영은 여전히 은화 중심이었다. 금 보유량이 턱없이 부족했기 때문이다. 이로써 조선은 형식적으로는 금본위, 실제로는 은본위라는 이중적 화폐 체제를 유지하게 되었다.

화폐 논쟁의 의의와 교훈

개항기의 은본위·금본위 논쟁은 단순한 화폐제도 선택을 넘어, 조선이 근대 금융 질서에 어떻게 편입할 것인가를 둘러싼 치열한 고민이었다.

첫째, 이는 근대적 화폐제도의 출발점이었다. 은본위와 금본위 논쟁을 거치면서 조선은 화폐를 단순한 교환 수단이 아닌, 국제 금융 규범과 연결된 제도로 인식하기 시작했다. 이는 금융 근대화의 중요한 계기였다.

둘째, 국제 질서의 압력이 크게 작용했다. 조선은 자주적 선택보다는 일본과 서구 열강의 흐름에 끌려갔고, 그 결과 금본위 선언은 실질적 기반 없이 형식에 그쳤다. 이는 주권을 지키지 못한 채 제도를 도입했을 때 발생하는 구조적 종속의 위험을 잘 보여준다.

셋째, 오늘날의 교훈이다. 글로벌 금융 규범을 수용하는 것은 필수적이지만, 동시에 국내 경제의 현실과 기반을 고려해야 한다.

조선의 은·금본위 논쟁은 제도 도입의 속도와 현실적 기반의 균형이 중요함을 시사한다. 오늘날 한국이 디지털 화폐, 금융 규제, 국제회계 기준 등을 도입할 때도 같은 고민이 이어지고 있다.

식민지 조선은행과 금융 통제

식민지 금융 지배 체제의 출발

1910년 국권피탈 이후 조선의 금융 질서는 근본적인 변화를 맞았다. 가장 큰 특징은 금융 주권이 완전히 상실되고, 일본이 주도하는 식민지 금융 지배 체제가 구축되었다는 점이다. 그 중심에는 조선은행이 있었다.

조선은행은 원래 1878년 일본 제일은행의 조선 지점에서 출발하여, 1909년 대한제국 시절 '한국은행'으로 개편된 뒤, 병합 이후 1911년 일본 정부가 다시 '조선은행'으로 재편하면서 본격적인 식민지 중앙은행 역할을 맡았다. 명목상 중앙은행이었지만, 사실상 일본 제일은행의 연장선이었고, 일본의 금융 통제 기관에 불과했다.

조선은행은 화폐 발행권, 국고 관리, 대외 결제 등 핵심 권한을 독점하며 조선 금융을 완전히 장악했다. 이는 단순한 은행 설립이 아니라, 식민지 지배를 제도적으로 고착하는 금융 장치였다.

조선은행의 역할과 금융 통제

조선은행은 식민지 조선에서 금융 통제의 중심축으로 기능했다.

첫째, 화폐 발행과 유통 통제다. 조선은행은 은본위·금본위 논쟁을 종결짓고, 일본 엔화를 기축으로 한 화폐를 발행했다. 이는 곧 조선의 화폐 주권이 일본에 흡수되었음을 의미했다. 조선 내에서 유통된 지폐와 동전은 일본 금융 당국이 결정한 가치에 종속되었고, 경제 전반은 일본의 통화 정책에 따라 움직였다.

둘째, 자금 배분과 산업 통제다. 조선은행은 조선 내 자금을 농민이나 중소 상공인에게 폭넓게 공급하지 않았다. 대신 일본인 기업과 식민지 개발 사업, 특히 산미증식계획과 같은 농업 생산력 확대 정책에 집중적으로 지원했다. 농민들은 조선은행에서 대출을 거의 받을 수 없었고, 고리의 사금융에 의존할 수밖에 없었다. 반면 일본인 지주나 대자본은 은행 자금으로 대규모 농장과 기업을 확장했다.

셋째, 대외 무역과 외환 관리다. 조선은행은 무역 결제와 외환 업무를 독점하며, 조선의 대외 경제를 일본 본토에 철저히 종속시켰다. 조선에서 생산된 쌀·원자재는 일본으로 흘러갔고, 일본에서 공산품이 들어오는 구조가 제도적으로 굳어졌다. 이 과정에서 조선은 사실상 일본 경제의 보급 기지로 전락했다.

금융 통제의 영향과 오늘의 교훈

식민지 조선은행 체제는 조선의 경제와 사회에 심대한 영향을 끼쳤다.

첫째, 금융 주권의 상실이다. 조선은 화폐 발행, 자금 배분, 외환 관리 등 금융의 핵심 기능을 모두 빼앗겼다. 이는 단순한 경제 문제를 넘어, 정치·사회 전반의 종속 구조를 심화시켰다.

둘째, 경제 불평등의 심화다. 조선은행 자금은 일본인 대자본과 지주에게 집중되었고, 조선인 농민과 상공인은 금융 소외 계층으로 전락했다. 그 결과 조선 내부의 계층 격차와 민족 간 경제 격차는 더욱 확대되었다. 이는 오늘날까지도 남아 있는 지역 불균형과 경제 양극화 문제의 뿌리 중 하나로 지적된다.

셋째, 금융 통제의 구조적 교훈이다. 식민지 금융 지배는 금융이 단순히 자본을 배분하는 기능을 넘어, 권력과 지배의 수단임을 보여준다. 조선은행은 화폐와 신용을 통해 식민지 사회를 장악했고, 이는 무력만큼이나 강력한 지배 방식이었다.

넷째, 오늘의 시사점이다. 글로벌 금융 시대를 사는 한국은 여전히 외부 충격과 국제 자본 흐름에 취약하다.

식민지 시절 금융 주권 상실의 경험은, 오늘날에도 금융의 자율성과 균형적 정책이 얼마나 중요한지를 일깨운다. 국제 규범을 수용하되, 국내 산업과 국민 경제를 지키는 금융 전략이 반드시 병행되어야 한다는 점이다.

해방 후 화폐 개혁과 인플레이션

해방 직후 화폐 질서의 혼란

1945년 8월 해방은 민족에게 자유를 안겨주었지만, 동시에 경제와 금융 질서의 극심한 혼란을 불러왔다. 해방과 함께 일본 제국이 발행하던 조선 은행권이 여전히 유통되었고, 이를 대신할 새로운 화폐 체계는 즉각 마련되지 못했다.

문제는 식민지 시기와 달리 이제는 화폐의 신뢰를 담보할 중앙 권력이 부재했다는 점이다. 미군정은 일본이 남기고 간 화폐를 일정 기간 사용하도록 했으나, 통화 관리 능력은 매우 제한적이었다. 한편, 전쟁으로 피폐해진 민생과 귀환 동포들의 생활비 수요가 폭발적으로 늘면서 시장 물가가 급격히 상승했다.

또한, 해방 직후 몰려든 일본군 잔여 물자와 군표(軍票), 그리고 미군의 군용 화폐까지 난립하면서 화폐 질서는 더욱 복잡해졌다. 이처럼 다종다양한 화폐가 뒤섞여 유통되는 상황은 금융 신뢰를 약화하고, 곧바로 인플레이션으로 이어졌다.

화폐 개혁의 시도와 한계

혼란을 수습하기 위해 미군정과 이후 대한민국 정부는 여러 차례 화폐 개혁을 단행했다.

첫째, 1945년 미군정의 구화폐 교환 조치였다. 미군정은 기존 조선은행권의 유통을 점진적으로 정리하고, 원화를 새로운 화폐 단위로 지정했다. 그러나 발행 관리가 미군정하에 있었던 만큼, 화폐에 대한 국민적 신뢰를 얻기 어려웠다.

둘째, 대한민국 정부 수립 이후의 화폐 개혁이다. 1950년 정부는 전후 재정을 충당하기 위해 무리하게 화폐를 발행했고, 이는 곧 전쟁 발발과 맞물려 초인플레이션을 불러왔다. 한국전쟁 기간에는 전시 재정을 충당하기 위해 다시 대규모 화폐 발행이 이루어졌으며, 이는 물가 폭등으로 직결되었다.

셋째, 1953년 화폐 개혁이다. 정부는 전후 경제 안정화를 목표로 구화폐를 신화폐로 교환하는 개혁을 단행했다. 목표는 과잉 유통 화폐를 정리해 인플레이션을 진정시키는 것이었다. 그러나 충분한 대책과 준비 없이 시행된 화폐 개혁은 국민의 재산을 강제로 축소하는 결과를 낳았다. 민간의 신뢰를 회복하기보다는 오히려 정부 금융정책에 대한 불신을 키우는 계기가 되었다.

인플레이션의 교훈과 한국 경제의 과제

해방 후 화폐 개혁과 인플레이션의 경험은 오늘날에도 여전히 유효한 교훈을 남긴다.

첫째, 화폐의 신뢰가 경제의 기초라는 점이다. 해방 직후의 혼란은 화폐가 단순한 교환 수단이 아니라, 국가의 신뢰와 권위에 의해 지탱된다는 사실을 보여주었다. 신뢰 없는 화폐는 금세 가치가 무너지고, 국민 경제는 혼란에 빠질 수밖에 없다.

둘째, 무리한 화폐 발행의 위험이다. 전후 재정난을 해소하려고 화폐를 남발한 것은 단기적 재정 충당에는 도움이 되었을지 몰라도, 장기적으로는 물가 폭등과 사회 불안이라는 더 큰 비용을 초래했다. 화폐 발행은 반드시 재정 건전성과 생산력 기반과 결합해야 한다는 교훈을 준다.

셋째, 정책의 신뢰성과 일관성이다. 해방 후 여러 차례 화폐 개혁은 국민 재산을 강제로 축소하는 방식으로 추진되었고, 이는 금융 시스템 전반에 대한 불신을 키웠다. 경제정책은 국민적 신뢰 위에서만 성공할 수 있다는 사실이 분명히 드러났다.

한국은 현재 세계적으로 안정된 통화제도를 운영하고 있지만, 여전히 재정 적자, 가계부채, 글로벌 금융 불안 등 불안 요소를 안고 있다. 해방 후의 경험은 위기 상황에서 화폐와 금융 안정이 얼마나 중요한지를 일깨운다. 특히 새로운 디지털 화폐나 CBDC(중앙은행 디지털 화폐) 논의가 진행되는 지금, 화폐의 신뢰성과 정책 일관성은 더욱 중요한 과제로 떠오른다.

외환위기와 금융개혁

외환위기의 도래와 충격

 1997년 말, 한국 사회를 뒤흔든 IMF 외환위기는 단순한 경제 불황이 아니라, 국가 전체가 부도 위기에 내몰린 사건이었다. 위기의 근본적 원인은 한국 경제가 고도성장 과정에서 누적시킨 구조적 불균형에 있었다.

 재벌 대기업들은 무리한 사업 확장과 과잉 차입으로 부채비율이 400%를 넘는 경우가 많았다. 은행은 이들에게 거액을 대출하며 사실상 담보 능력을 상실했고, 단기 외채에 과도하게 의존한 금융 구조는 국제 시장의 불신을 키웠다. 여기에 태국에서 시작된 아시아 금융 위기가 번지자, 한국의 취약한 경제 구조는 그대로 드러났다.

 1997년 말 외화보유액은 급격히 줄어들어, 한 달 치 수입 결제조차 감당할 수 없는 수준으로 떨어졌다. 결국 한국 정부는 IMF에 구제금융을 요청할 수밖에 없었고, 580억 달러 규모의 긴급 자금을 지원받는 대신 혹독한 개혁 조건을 수용해야 했다. 이로써 한국 사회는 전례 없는 경제·사회적 충격을 경험했다.

금융 개혁의 추진과 제도적 변화

IMF 관리체제에서 한국은 구조조정을 넘어 금융 시스템의 근본적 개혁을 강요받았다. 이는 고통스러운 과정이었지만, 동시에 금융 현대화의 계기가 되었다.

첫째, 부실 금융기관 정리였다. 수십 개 종합금융사와 수많은 상호신용금고가 문을 닫았고, 은행들도 합병과 퇴출을 겪었다. 16개 시중은행 중 5개가 퇴출당했고, 살아남은 은행들은 대규모 구조조정을 단행해야 했다.

둘째, 공적자금 투입이다. 정부는 수십조 원의 공적자금을 금융기관에 투입해 부실을 떠안았다. 국민 세금으로 은행을 살린 셈이었지만, 금융 시스템을 붕괴 직전에서 구해내는 데 불가피한 조치였다.

셋째, 금융 자유화와 개방이다. IMF는 한국 금융시장의 개방을 강력히 요구했다. 외국 자본이 은행 지분을 인수할 수 있게 되었고, 주식·채권시장에도 외국인 참여가 크게 늘었다. 한국 금융은 단기간에 국제 자본과 밀접히 연결되었다.

넷째, 기업 지배구조 개선과 투명성 제고다. IMF는 재벌의 과도한 부채 경영을 지적하며, 부채비율 축소, 지배구조 개혁, 회계 투명성 강화를 요구했다. 이로써 한국 기업들은 문어발식 확장을 자제하고, 외부 감사와 공시 제도를 강화해야 했다.

교훈과 한국 금융의 과제

외환위기와 금융 개혁의 경험은 한국 경제에 뼈아픈 상처를 남겼지만, 동시에 중요한 교훈을 제공했다.

첫째, 부채 의존 성장의 한계다. 외환위기의 근본 원인은 빚에 의존한 성장 모델이었다. 이는 재벌과 금융기관 모두의 취약성을 드러냈다. 오늘날에도 가계부채와 국가부채 문제가 불거지는 만큼, 건전한 재무 구조는 한국 경제의 지속 가능성을 좌우하는 핵심 과제다.

둘째, 금융 투명성과 규율의 중요성이다. 회계 부정, 부실 대출, 재벌 특혜 등 불투명한 금융 관행은 위기를 악화시켰다. 이후 도입된 외부 감사, 공시 의무, 금융 감독 강화는 한국 금융의 신뢰 회복에 기여했다. 이는 지금도 ESG 경영, 금융소비자 보호 등으로 이어지고 있다.

셋째, 글로벌 금융과의 연결이다. 외환위기 이후 한국 금융은 국제 자본과 밀접하게 연결되었고, 이는 자본 조달을 용이하게 하는 한편 외부 충격에 더 민감해지는 양면성을 낳았다. 2008년 글로벌 금융위기 때 한국이 다시 흔들린 것은 이러한 취약성을 잘 보여준다.

한국 경제는 여전히 외부 의존도가 높고, 대내적으로는 저성장·고령화·양극화라는 과제를 안고 있다. 외환위기의 교훈은 단순한 과거사가 아니라, 현재에도 적용되는 경고다. 금융의 건전성과 안정성은 성장만큼이나 중요하며, 위기관리 능력은 국가 생존을 좌우한다.

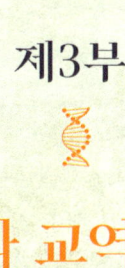

제3부

무역과 교역
- 바다를 넘어 흐른 부의 길

무역은 한국 경제의 혈관이다. 장보고의 청해진은 단순한 항구가 아니라 동아시아 시장을 잇는 네트워크였다. 고려의 송·원 교역은 국제화의 시작이었고, 조선의 공무역과 사무역은 국가 통제와 민간 활력의 긴장 속에서 발전했다.

개항 이후 불평등 조약은 외세 의존형 경제 구조의 상처를 남겼다. 그러나 그 상처는 산업화 이후 수출 경제의 근육으로 변했다. FTA 시대의 한국 무역은 그 오랜 경험의 결과물이다.

『한국사 경제학』은 무역을 단순한 거래가 아니라 문명의 교류로 본다. 바다는 부의 통로이자 문화의 거울이었다. 무역의 역사 속에 한국 경제의 개방성과 적응력이 자리 잡았다.

장보고의 해상무역 네트워크

해상왕 장보고의 부상과 청해진

9세기 신라는 당나라와 일본, 남방 세계와의 교역이 활발히 이루어지고 있었다. 그러나 국가 차원의 무역 통제력이 약했고, 해적의 횡행으로 항로의 안전은 크게 위협받았다. 이러한 상황에서 등장한 인물이 바로 장보고(張保皐)였다.

장보고는 본래 신라 출신으로 당나라 군인으로 활동하다가 귀국해 무역과 군사적 경험을 바탕으로 새로운 전략을 세웠다. 그는 828년, 청해진(지금의 완도)을 근거지로 삼아 해상무역과 군사 방어를 결합한 거대한 해상 네트워크를 구축했다. 청해진은 남해와 서해, 그리고 중국과 일본을 연결하는 교통의 요충지였다.

청해진의 설치는 단순히 해적을 소탕하는 군사적 목적을 넘어, 국제 무역의 전진기지라는 의미를 지녔다. 장보고는 무역선 보호, 항로 관리, 국제 교역의 중심화를 통해 신라가 동아시아 해상 질서 속에서 주도권을 확보할 수 있도록 했다. 이로써 그는 '해상왕'이라는 별칭을 얻었다.

동아시아를 잇는 무역 네트워크

장보고의 청해진은 동아시아를 연결하는 거대한 무역 네트워크의 중심이었다.

첫째, 한·중 교역이다. 청해진은 당나라와의 교역을 중개하며, 비단·서적·도자기 같은 중국 상품을 들여왔다. 대신 신라의 금·은·인삼·해산물 등이 중국으로 수출되었다. 이 과정에서 장보고는 단순한 무역상이 아니라, 중국과 신라를 잇는 전략적 무역 파트너로 자리매김했다.

둘째, 한·일 교역이다. 청해진은 일본과의 교역에도 중요한 역할을 했다. 일본으로는 신라의 철·직물·불교 관련 물품이 수출되었고, 일본에서는 황·수은·공예품이 들어왔다. 장보고는 일본과의 교역을 통해 막대한 이익을 얻었고, 일본 조정과도 직접 교섭할 수 있을 정도로 영향력을 확대했다.

셋째, 남방 세계와의 연결이다. 장보고는 동남아시아와 아라비아 상인과도 교류했다. 이를 통해 향신료·보석·유리 제품 같은 희귀 물품이 신라에 유입되었다. 이는 신라의 국제적 위상을 높이는 동시에, 세계적 교역 네트워크의 일부로 편입되는 계기가 되었다.

장보고의 네트워크는 단순한 경제적 이익을 넘어, 문화·종교·기술의 교류를 촉진했다. 불교 경전과 승려, 새로운 기술과 사상이 바다를 건너 교류되었고, 이는 신라 사회의 문화적 다양성을 넓히는 역할을 했다.

장보고 무역 네트워크의 의의와 교훈

장보고의 해상무역 네트워크는 한국 경제사에서 여러 중요한 교훈을 남긴다.

첫째, 국제 무역에서 해상로의 중요성이다. 장보고는 육로보다 해상로가 더 빠르고 효율적인 교역 수단임을 증명했다. 이는 훗날 조선의 조운 제도나 근대 해운 산업 발전으로 이어지는 역사적 전통의 출발점이라 할 수 있다.

둘째, 경제와 군사의 결합이다. 장보고는 무역만으로는 안정적 기반을 구축할 수 없음을 알았다. 그래서 군사력으로 항로를 보호하고, 치안 유지를 통해 무역 질서를 지켰다. 이는 오늘날에도 안보와 경제가 긴밀히 연결되어 있음을 보여주는 사례다.

셋째, 자율적 주도권의 확보다. 장보고는 국가의 직접적인 지원이 미약한 상황에서도 민간 주도의 네트워크를 구축했다. 이는 한국 경제사가 외세와 권력에 종속되기보다, 주체적 역량을 바탕으로 세계와 연결될 때 비로소 성공할 수 있음을 시사한다.

오늘날 한국은 세계 10대 교역국, 해운·물류 강국으로 성장했다. 그러나 글로벌 공급망 위기, 해상 운송의 불안정, 국제 정세의 갈등은 여전히 위협 요인이다. 장보고의 경험은 한국이 국제 무역에서 지속해서 안정적 네트워크와 자율적 전략을 구축해야 한다는 사실을 상기시킨다.

고려의 송·원 교역과 국제화

고려 전기 송과의 교역

고려는 건국 초기부터 대외 교역에 적극적이었다. 특히 10세기부터 12세기까지 송과의 교역은 고려 경제에 큰 활력을 불어넣었다. 개경, 예성강 하구의 벽란도는 동아시아 최대의 국제 무역항 중 하나로 성장했다.

송 상인들은 고려에서 인삼·금·은·직물·해산물을 수입했고, 고려는 송으로부터 비단·서적·도자기·동전을 들여왔다. 이 과정에서 고려는 '송전(宋錢)'이라 불린 동전을 대량으로 유통해 국내 화폐 경제의 기초를 다졌다.

교역은 단순한 경제적 이익을 넘어 문화적 교류도 촉진했다. 송의 선진 문물, 과학 기술, 불교 사상이 고려로 전해졌고, 고려의 청자와 불교문화는 송에 소개되었다. 이러한 교류는 고려 사회의 국제적 감각을 넓히는 계기가 되었다.

그러나 송과의 교역은 언제나 순탄한 것만은 아니었다. 고려는 송과 외교적 긴장 관계를 유지하면서도 경제적 필요 때문에 무역을 지속했다. 이는 정치와 경제가 얽혀 있는 국제 교역의 복잡성을 보여준다.

몽골 지배와 원과의 교역

13세기 몽골의 침입과 원 간섭기는 고려 무역 구조에 새로운 전환점을 가져왔다. 고려는 원의 간섭 아래 정치·외교적으로 크게 제약받았지만, 동시에 원과의 교역을 통해 국제 네트워크에 편입되었다.

원은 세계 제국답게 광대한 교역망을 가지고 있었다. 고려는 원을 통해 중앙아시아·중동·유럽과 간접적으로 연결되었고, 이는 전례 없는 국제화 경험이었다. 원나라를 통해 고려에 들어온 후추·향신료·약재·유리 제품은 귀족 사회의 생활 문화를 바꾸었다. 반대로 고려는 인삼·직물·청자·금속 공예품을 원으로 수출했다.

또한 원의 요구로 고려는 대규모 물자와 인력을 제공해야 했다. 특히 공녀와 군사 자원, 곡물과 특산물의 공납은 경제적 부담이 컸다. 하지만 동시에 원과의 교역을 통해 고려는 국제 무역의 새로운 흐름을 접할 수 있었고, 유라시아 교역망의 일부가 되었다.

원과의 교역은 긍정과 부정이 교차했다. 경제적 수탈이 심각했지만, 국제 무역의 확장은 고려인들에게 세계를 보는 눈을 넓히는 계기가 되었다.

고려 교역의 국제적 의의와 교훈

송·원 교역은 고려 경제와 사회에 장기적 영향을 남겼다.

첫째, 무역항 벽란도의 번영이다. 송·원 교역의 중심지였던 벽란도는 아라비아 상인까지 드나드는 국제 무역항으로, 고려가 동아시아 국제 무역의 핵심 거점이었음을 보여준다. 벽란도의 번영은 고려 경제의 국제적 개방성을 상징한다.

둘째, 문화와 기술 교류다. 송으로부터 전해진 인쇄술·천문학·의학 지식은 고려 사회의 발전에 기여했고, 고려의 청자는 동아시아를 넘어 세계적 명성을 얻었다. 이는 무역이 단순히 물자의 교환을 넘어 문명 교류의 통로였음을 보여준다.

셋째, 정치적 종속과 경제적 기회의 이중성이다. 송과의 교역은 경제 발전에 기여했지만, 군사적 긴장과 외교적 제약을 동반했다. 원과의 교역은 경제적 수탈을 강요했지만, 동시에 세계 제국의 교역망에 편입되는 국제화의 경험을 제공했다.

고려의 송·원 교역 경험은 한국 경제가 국제 교역에서 얻을 기회와 위험을 동시에 보여준다. 무역은 국가 경제를 성장시키는 핵심 동력이지만, 정치적 종속과 경제적 불평등을 초래할 수도 있다. 오늘날 한국이 FTA, 글로벌 공급망, 미·중 갈등 속에서 전략적 선택을 해야 하는 상황은, 고려가 송·원 교역 속에서 겪었던 딜레마와 본질적으로 다르지 않다.

조선 전기의 공무역과 사무역

조선 초 대외 무역의 기본 방향

조선은 건국 초부터 명나라와의 외교·무역 관계를 최우선으로 삼았다. 명과의 사대교린(事大交隣) 외교 속에서 무역도 철저히 관리되었다. 조선은 명으로부터 책봉을 받는 대신, 공물과 사신을 보내고, 이에 대한 답례품을 받아오는 형식의 조공무역(공무역)을 운영했다.

이 조공무역은 단순한 외교 의례가 아니라, 조선 경제를 움직이는 중요한 교역 수단이었다. 명으로부터는 비단·서적·약재·동전이 들어왔고, 조선은 인삼·마포·은·종이 등을 보냈다. 조선은 이를 통해 국제적 위상을 유지하고, 동시에 필수 물자를 확보할 수 있었다.

그러나 조공무역은 국가 주도의 제한적 교역이었기에, 민간의 사율적 경제 활동은 크게 억제되었다. 조선은 건국 초기부터 사무역(私貿易)을 엄격히 금지했으며, 이는 대외 경제 활동의 이중 구조를 낳았다.

공무역과 사무역의 병존

공무역이 제도적으로 보장됐지만, 사무역은 금지에도 불구하고 끊임없이 이루어졌다.

첫째, 공무역의 특징이다. 조선의 공무역은 사신단 교역을 통해 이루어졌다. 사신이 명에 파견되면, 국가가 공식적으로 교역 품목과 양을 통제했다. 이를 통해 조선은 외환과 물자를 안정적으로 확보할 수 있었다. 하지만 교역량은 제한적이었고, 무역의 이익은 대부분 국가와 지배층에 귀속되었다.

둘째, 사무역의 실태다. 국가가 무역을 금지했음에도 불구하고, 연해 지역과 국경 지대에서는 사무역이 활발히 전개되었다. 중국 상인이나 왜구와의 밀무역이 대표적이다. 특히 동래·제포 등 남해안 항구에서는 일본과의 사무역이 성행했다. 이 과정에서 은·구리·철기·해산물이 거래되었으며, 국가 통제를 벗어난 경제 네트워크가 형성되었다.

셋째, 통제와 완화다. 조선 정부는 사무역을 단속하기 위해 엄격한 법령을 제정했으나, 실제로는 통제가 쉽지 않았다. 국제적 수요와 민간의 경제적 필요가 맞물리면서, 사무역은 공무역을 보완하는 역할을 했다. 결국 조선 후기로 갈수록 정부는 사무역을 일정 부분 인정하거나 제도적으로 흡수하게 된다.

조선 전기 무역 구조의 의의와 교훈

조선 전기의 공무역과 사무역 병존 현상은 여러 측면에서 중요한 의미를 지닌다.

첫째, 국가 주도의 무역 구조다. 조선은 국제 무역을 철저히 국가 권력의 틀 안에 두고, 공무역을 통해 외교·경제를 통제했다. 이는 단기적으로는 체제 안정에 기여했지만, 장기적으로는 민간 상인의 활력과 시장 확대를 억제하는 결과를 낳았다.

둘째, 사무역의 불가피성이다. 국가가 아무리 무역을 통제해도 민간의 경제적 필요와 국제 수요를 막을 수는 없었다. 사무역은 공무역의 부족한 부분을 메우며, 실제로는 조선 경제에 중요한 역할을 했다. 이는 시장 논리를 무시한 제도는 현실에서 제대로 작동하기 어렵다는 사실을 보여준다.

셋째, 경제 이중 구조의 전통이다. 공무역과 사무역이 병존했던 구조는 훗날 개항기, 일제 강점기에도 반복되었다. 제도권 경제와 비제도권 경제의 긴장은 한국 경제사 전반에 흐르는 하나의 전통이자 숙제로 남았다.

조선 전기의 무역 구조는 오늘날 한국 경제에도 시사하는 바가 크다. 국가가 무역 질서를 관리하는 것은 필요하지만, 동시에 민간의 창의적 활동과 시장의 자율성을 억제해서는 안 된다. 글로벌 경제 환경에서 정부와 민간의 균형 있는 역할 분담이 중요하다는 교훈이다.

임진왜란 이후
일본과의 교역 재개

전란과 단절된 한일 교역

　1592년 임진왜란은 조선 경제를 송두리째 흔들어 놓았다. 일본의 대규모 침략으로 인해 농업 기반이 무너지고, 인구가 유출되며, 수많은 기술 인력이 강제로 일본에 끌려갔다. 이 과정에서 조선과 일본 사이의 교역은 완전히 단절되었다.

　전쟁 이전에도 일본과의 교역은 긴장과 갈등 속에 제한적으로 이루어졌다. 동래의 왜관을 중심으로 은·동·황과 같은 금속류와 일본의 특산물이 들어오고, 조선은 곡물·인삼·직물 등을 수출했다. 그러나 임진왜란으로 조선 사회에 남긴 상처는 깊었고, 일본과의 무역 재개는 쉽게 논의되기 어려웠다. 교역은 단순한 경제 문제를 넘어 전쟁 피해와 외교적 신뢰 붕괴라는 정치적 문제와 직결되었기 때문이다.

교역 재개의 필요성과 제한적 복원

전쟁이 끝난 뒤에도 조선 조정은 일본과의 교류를 엄격히 경계했다. 그러나 시간이 흐르면서 일본과의 교역 재개 필요성이 제기되었다.

첫째, 경제적 이유다. 전쟁으로 파괴된 조선 경제를 복구하기 위해서는 일본으로부터 금속과 상품을 들여오고, 남는 농산물과 특산물을 수출해야 했다. 무역은 전후 복구의 중요한 수단이 될 수 있었다.

둘째, 외교적 이유다. 도쿠가와 막부는 안정된 통치 기반을 다지며, 조선과의 국교 회복을 원했다. 일본은 조선과의 교역을 통해 동아시아 국제 질서 속에서 위상을 강화하고자 했다.

셋째, 문화적 이유다. 전쟁 중 일본에 끌려간 기술자들의 영향으로 일본 도자기 산업이 크게 발전했는데, 이는 조선에도 역으로 기술·문화 교류의 필요성을 환기했다.

결국 조선은 기유약조(1609)를 통해 일본과의 제한적 교역을 재개했다. 부산포에 왜관을 설치하여 일본 상인의 거주와 활동을 제한했고, 무역 규모와 품목도 엄격히 규제했다. 이는 일본과의 교역을 완전히 허용하지 않으면서도, 최소한의 경제·외교 관계를 유지하기 위한 절충이었다.

한일 교역 재개의 의의와 교훈

임진왜란 이후의 한일 교역 재개는 단순한 무역 회복을 넘어, 조선이 국제 질서 속에서 새로운 균형을 모색한 과정이었다.

첫째, 이는 피해 복구를 위한 현실적 선택이었다. 전쟁의 상처에도 불구하고, 조선은 일본과의 교역을 재개함으로써 금속 자원을 확보하고 무역을 통한 경제 회복의 발판을 마련했다.

둘째, 외교적 긴장 완화였다. 교역은 단순히 상품 교환이 아니라, 전쟁 이후 무너진 외교 관계를 회복하는 수단이었다. 기유약조 체제는 일본의 요구를 일정 부분 수용하면서도 조선의 주권과 안전을 지키려는 타협이었다.

셋째, 교역의 제도화와 통제다. 조선은 일본과의 교역을 무제한 허용하지 않고, 왜관을 통한 제한적·제도적 형태로 관리했다. 이는 조선 정부가 무역을 경제 이익뿐 아니라 정치적 안정의 문제로 인식했음을 보여준다.

임진왜란 이후의 한일 교역 재개는 국제 관계에서 경제와 정치가 어떻게 얽혀 있는지를 잘 보여준다. 경제적 필요가 외교적 갈등을 넘어 교류를 재개하게 했지만, 이를 관리하지 못하면 새로운 위기의 불씨가 될 수 있다. 오늘날 한국이 일본과 경제 협력을 논의할 때도, 과거사와 경제 실익의 균형이라는 복잡한 과제를 안고 있다는 점에서 유사하다.

조선 후기 청과의 무역 확대

명에서 청으로, 외교와 교역의 전환

17세기 병자호란 이후 조선은 오랫동안 청에 대한 적대적 인식을 고수했다. '은혜를 입은 명과의 의리'를 내세우며 소중화 사상을 강화했고, 공식 외교 관계와 무역도 제한적이었다. 그러나 현실적으로 청은 동아시아의 새로운 패권국이었고, 국제 교역의 중심으로 부상했다.

18세기에 들어서면서 조선 내부에서도 변화의 조짐이 나타났다. 농업 생산력의 증대, 인구 증가, 도시 발달로 새로운 소비재와 교역품에 대한 수요가 커졌다. 이를 충족하기 위해 조선은 청과의 무역을 점차 확대할 수밖에 없었다. 의리와 현실 사이의 괴리 속에서, 청과의 교역 확대는 조선 후기 경제 구조 변화를 이끄는 중요한 선환섬이 되었다.

청과의 무역 구조와 물자 흐름

청과의 무역은 공식적 사신 교역과 비공식적 밀무역을 아우르며 점차 규모가 커졌다.

첫째, 공식 무역이다. 연경에 파견된 사신단은 '연행사(燕行使)'라 불렀으며, 이들은 외교 임무와 동시에 교역 활동도 겸했다. 사신단을 따라간 수행원과 상인들은 청의 수도에서 다양한 물품을 구입해 돌아왔다. 이를 통해 들어온 대표적 상품은 비단, 서적, 문방구, 도자기, 약재 등이었다.

둘째, 비공식 무역이다. 국경 지역, 특히 의주와 봉황성 일대에서는 민간 차원의 밀무역이 활발히 이루어졌다. 여기서는 청으로 인삼, 종이, 직물이 나가고, 청으로부터는 은, 면직물, 신문물이 들어왔다. 이러한 사무역은 정부가 완전히 통제하기 어려웠으며, 조선 경제의 중요한 활로로 기능했다.

셋째, 물자와 문화의 확산이다. 청을 통해 들어온 은은 국내 화폐 경제를 활성화했으며, 면직물과 신문물은 생활 문화를 크게 바꾸었다. 또, 청을 통해 유입된 서적과 과학 지식은 조선 지식인 사회에 큰 영향을 주었고, 실학의 발달에도 자극을 주었다. 무역은 단순히 물자의 교환을 넘어 사상과 문화의 교류를 촉진했다.

청과의 무역 확대의 의미와 교훈

조선 후기 청과의 무역 확대는 단순한 경제 현상이 아니라, 사회 구조와 인식 변화를 이끈 계기였다.

첫째, 경제적 활력이다. 청과의 무역은 국내 상업 활동을 촉진하고, 농업 잉여 생산물이 시장에 흡수되는 구조를 형성했다. 이는 조선 후기 상업 경제의 성장과 시장 확대의 중요한 요인이었다.

둘째, 문화적 충격과 수용이다. 조선은 명분상으로는 소중화(小中華)를 유지했지만, 실제로는 청을 통해 서양 문물과 새로운 지식을 접하면서 점차 현실적인 태도로 변모했다. 이는 사상적 유연성을 높이고, 실학과 근대 지향적 사고를 성장시키는 토대가 되었다.

셋째, 정치와 경제의 불균형이다. 외교적으로는 청을 여전히 오랑캐로 낮춰 보면서도, 경제적으로는 청과의 무역에 크게 의존했다. 이러한 이중적 태도는 조선의 국제적 현실 인식의 한계를 드러낸다.

조선 후기 청과의 무역 확대는 국제 관계 속에서 정치적 명분과 경제적 현실이 충돌할 때 어떤 선택을 해야 하느냐는 문제를 잘 보여준다. 명분만 고수해서는 경제 발전이 어렵고, 현실만 좇으면 정체성과 자율성을 잃는다. 오늘날 한국이 미·중 갈등 속에서 성제와 외교 선략을 조율해야 하는 과제와도 맞닿아 있다.

개항과 불평등 조약의 경제 충격

강제 개항과 조약 체결의 배경

19세기 후반 조선은 동아시아 국제 질서의 격변 속에서 외세의 압력을 피하기 어려웠다. 일본은 메이지 유신을 통해 서구 문물을 빠르게 수용하고 군사력을 강화한 후, 조선을 향한 침투를 본격화했다. 1876년 강화도 조약은 이러한 상황의 산물이었다. 일본은 무력을 동원해 조선을 개항시키고, 자국에 유리한 무역 조건을 강요했다.

강화도 조약은 단순한 무역 협정이 아니라, 조선의 주권을 제약하는 불평등 조약이었다. 조선은 부산, 원산, 인천 등 항구를 개방하고, 일본 상인에게 치외법권과 무관세 특혜를 부여해야 했다. 이로써 조선은 국제 무역의 세계에 편입되었으나, 주체적 선택이 아닌 강제적 개방이었다는 점에서 큰 상처를 남겼다.

불평등 조약이 가져온 경제 충격

개항 이후 조선 경제는 급격한 변화를 겪었다.

첫째, 전통 경제 구조의 붕괴다. 일본 상인은 무관세 특권을 이용해 값싼 공산품을 대량으로 유입시켰다. 반면 조선의 쌀, 콩 등 농산물은 헐값에 일본으로 유출되었다. 이는 농촌 경제를 피폐하게 만들고, 식량 부족과 물가 불안을 심화시켰다.

둘째, 무역 적자의 확대다. 조선은 산업 기반이 취약하여 수출품은 대부분 1차 농산물에 그쳤고, 수입은 공산품과 소비재가 주를 이뤘다. 결과적으로 조선은 구조적 무역 적자에 빠졌다. 이는 국가 재정과 민생을 동시에 위협했다.

셋째, 경제 주권의 상실이다. 일본뿐 아니라 미국, 영국, 독일 등 서구 열강도 차례로 불평등 조약을 맺으며 조선의 시장에 진입했다. 치외법권, 무관세, 최혜국 대우 조항은 조선의 경제 주권을 사실상 무력화했다. 외국 상인들은 조선 정부의 세금이나 규제에서 벗어나 자유롭게 활동했고, 이는 조선 경제의 질서를 근본적으로 흔들었다.

넷째, 사회적 불평등의 심화다. 개항 이후 도시 상권은 외국 상인과 이에 연결된 소수의 중개 상인이 장악했다. 반면 다수의 농민과 중소 상인은 몰락했고, 이는 계층 간 격차와 사회 불만을 키웠다. 불평등 조약의 경제 충격은 단순한 경제 문제를 넘어 사회적 불안정과 정치적 위기로 이어졌다.

개항기 경제 충격의 의의와 교훈

개항과 불평등 조약이 남긴 경제적 상처는 조선의 근대화와 식민지화를 이해하는 핵심 단서가 된다.

첫째, 주체 없는 개방의 위험이다. 조선은 개항 과정에서 협상력을 발휘하지 못했고, 외세의 요구를 그대로 수용할 수밖에 없었다. 이는 개방 자체가 문제가 아니라, 준비 없는 개방이 경제적 종속으로 이어질 수 있음을 보여준다.

둘째, 국내 산업 기반의 취약성이다. 조선은 농업 중심의 경제 구조를 벗어나지 못한 상태에서 개항을 맞이했기에, 국제 무역에서 경쟁력을 발휘할 수 없었다. 산업화의 지연이 불평등 조약의 피해를 더 키운 것이다.

셋째, 경제 주권의 중요성이다. 불평등 조약 체제는 주권이 없는 경제 개방이 어떤 결과를 낳는지를 여실히 보여주었다. 이는 훗날 독립운동과 경제 민족주의의 사상적 토대가 되었다.

오늘날 한국은 세계화, FTA, 글로벌 공급망 경쟁 속에 있다. 개항기의 경험은 국제 질서의 변화 속에서 경제 주권을 지키면서 개방과 협력을 병행하는 전략이 얼마나 중요한지를 상기시킨다. 단순히 시장을 열어주는 것이 아니라, 자국의 산업·금융·기술 기반을 강화한 뒤에야 개방이 실질적 이익으로 이어질 수 있다.

일제의 대외 무역 독점

식민지 경제 체제와 무역 구조의 재편

1910년 국권피탈로 조선은 완전히 일본 제국의 식민지로 편입되었다. 조선의 대외 무역은 독립적 주체로서의 선택권을 상실하고, 일본의 제국 경제 체제 속에 종속적으로 재편되었다. 일제는 조선을 원료 공급지이자 상품 시장으로 활용하기 위해 대외 무역을 철저히 통제했다.

무역 구조는 '조선의 원료 수출, 일본의 공산품 수입'이라는 전형적인 식민지 패턴으로 고착되었다. 조선은 쌀, 콩, 면화, 광물과 같은 1차 산품을 일본에 헐값으로 수출해야 했고, 일본은 이를 원료로 가공한 제품을 다시 조선에 고가로 판매했다. 그 결과 조선 경제는 일본 경제에 종속되었고, 국내 산업의 자립적 성장은 구조적으로 차단되었다.

특히 대외 무역의 결정권은 모두 조선총독부와 일본 상인에게 집중되었다. 무역항은 일본 기업의 독점 공간으로 바뀌었고, 조선인 상인은 국제 무역의 중심에서 배제되었다. 이는 단순한 경제 통제를 넘어 민족경제의 구조적 예속을 의미했다.

무역 독점의 구체적 양상과 민중의 피해

일제의 대외 무역 독점은 다양한 방식으로 조선 민중의 삶을 옥죄었다.

첫째, 농산물 수탈이다. 일제는 쌀 증산 정책을 강요하여 조선 농민에게 생산량의 상당 부분을 일본으로 수출하도록 했다. 그 결과 조선 농민은 식량 부족과 가난에 시달렸고, 도시 빈민층은 쌀값 폭등으로 고통을 겪었다.

둘째, 산업 억제와 무역 불균형이다. 조선에서 자생적으로 성장할 수 있었던 경공업이나 상업 활동은 의도적으로 억제되었다. 일본은 무역을 독점하면서 조선 내 자본 축적을 차단했고, 이를 통해 독립적 산업화 가능성을 봉쇄했다. 조선의 수출입 구조는 일본에 절대적으로 의존하는 편향적 무역 구조로 굳어졌다.

셋째, 조선인 상인의 배제다. 국제 무역과 항만 운영은 일본 상인과 기업의 손에 집중되었고, 조선 상인은 보조적 역할이나 중개인으로 전락했다. 전통적으로 활발했던 조선의 상업 네트워크는 국제 무역 무대에서 사실상 붕괴되었다.

넷째, 민중 생활의 악화다. 무역 독점으로 물자 배분이 왜곡되면서 민생은 더욱 어려워졌다. 농민은 곡식을 빼앗기고, 노동자는 저임금에 시달렸으며, 소비자는 비싼 수입 공산품을 구매해야 했다. 무역 독점은 조선 사회 전반의 불평등을 심화시키는 메커니즘으로 작동했다.

무역 독점의 역사적 의미와 교훈

일제의 대외 무역 독점은 단순한 경제 문제가 아니라, 민족 억압과 식민지 지배의 핵심 수단이었다.

첫째, 이는 식민지 경제 구조의 전형을 보여준다. 조선은 자원 공급지와 상품 시장으로 전락했고, 이는 제국주의 시대 식민지국들이 겪은 보편적 비극이었다.

둘째, 무역 독점은 조선인의 자율적 경제 활동을 원천 봉쇄했다. 무역을 통해 자본을 축적하고 산업을 발전시킬 기회를 상실함으로써, 조선은 근대적 산업화의 출발선에서 크게 뒤처질 수밖에 없었다.

셋째, 민족운동의 경제적 토대가 되었다. 무역 독점으로 인한 불평등과 고통은 민중의 저항을 불러왔고, 물산장려운동, 국산품 애용 운동 등 경제 민족주의 운동으로 이어졌다. 경제 주권을 회복하려는 노력은 독립운동의 중요한 한 축이었다.

일제의 무역 독점 경험은 오늘날 한국이 국제 무역 질서 속에서 자율성을 확보하는 것이 얼마나 중요한지를 일깨운다. 단순히 무역량의 확대가 아니라, 교역 구조와 주도권을 지키는 것이 진정한 경제 주권의 핵심이다. 글로벌 공급망과 자유무역 협정이 복잡하게 얽힌 오늘날에도, 불평등한 무역 구조를 극복하는 전략은 여전히 과제로 남아 있다.

FTA 시대 한국 무역의 확장

세계화와 FTA 전략의 출발

1990년대 후반 외환위기를 겪은 한국은 경제 체질 개선과 국제 경쟁력 강화를 위해 새로운 무역 전략을 모색했다. 과거 한국 무역은 주로 미국, 일본 등 소수 국가에 의존했고, 관세 장벽이 낮아지는 WTO 체제 속에서 더 넓은 시장을 개척할 필요가 있었다.

이에 따라 한국은 2000년대 들어 자유무역협정(FTA) 전략을 본격적으로 추진했다. 2004년 칠레와 체결한 FTA가 첫 사례였다. 이는 한국이 무역 다변화를 통해 새로운 활로를 모색하고, 농산물·공산품·서비스 산업을 아우르는 포괄적 개방으로 나아간 출발점이었다.

FTA 전략은 단순한 관세 철폐를 넘어 한국 경제 구조를 글로벌 표준에 맞추는 과정이었다. 투자 규범, 지식재산권, 환경·노동 규범 등도 포함되면서, 한국 기업은 세계 시장에서 새로운 규칙을 따라야 했다. 이는 기회이자 도전이었다.

주요 FTA 체결과 무역 지형의 변화

한국은 불과 20여 년 만에 세계에서 가장 활발한 FTA 체결국 가운데 하나로 자리 잡았다.

첫째, 미국과의 한·미 FTA(2012 발효). 세계 최대 시장과의 협정으로, 자동차·전자·섬유 등 주력 산업이 새로운 기회를 얻었지만, 농업 부문에서는 개방 압력이 높다.

둘째, EU와의 FTA(2011 발효). 유럽 단일시장은 고부가가치 산업과 서비스 교역 확대의 기회였다. 한국은 자동차, 전자제품, 화학제품 수출에서 유리한 입지를 확보했다.

셋째, 중국과의 한·중 FTA(2015 발효). 최대 교역 상대국과의 협정으로, 한국 기업은 거대 내수시장에 접근할 수 있었고, 부품·중간재 교역도 활성화되었다.

넷째, RCEP(역내 포괄적 경제동반자협정, 2022 발효). 아세안, 일본, 중국, 호주, 뉴질랜드 등 15개국이 참여한 세계 최대 자유무역지대에 포함됨으로써, 한국은 아시아·태평양 교역 네트워크에서 중요한 위치를 차지하게 되었다.

이로써 한국은 무역 다변화와 공급망 안정성을 확보했고, 수출 시장의 70% 이상을 FTA 네트워크로 연결하는 성과를 거두었다.

FTA 시대의 의의와 과제

FTA는 한국 무역을 한 단계 도약시키는 계기가 되었지만, 동시에 해결해야 할 과제도 남겼다.

첫째, 수출 주도형 성장의 심화다. FTA는 한국 경제가 세계 시장에 더 깊이 연결되도록 만들었고, 이는 성장의 동력이 되었다. 특히 자동차, 반도체, 화학, 철강 등 주력 산업은 FTA 효과를 톡톡히 누렸다.

둘째, 산업 간 격차 확대다. 대기업 중심의 수출 산업은 혜택을 보았지만, 농업·중소기업·서비스업은 상대적으로 불리했다. 농산물 시장 개방은 농민의 생계를 위협했고, 중소기업은 글로벌 경쟁에 적응하는 데 어려움을 겪었다.

셋째, 경제 주권과 국제 규범이다. FTA에는 단순한 관세 인하뿐 아니라, 지식재산권, 환경, 노동, 투자자-국가 분쟁 해결(ISDS) 규정까지 포함되었다. 이는 한국의 국내 법·정책이 국제 규범에 종속될 위험을 안겼다.

FTA는 필수적인 글로벌 전략이지만, 그 효과를 극대화하려면 내부적 보완 장치가 필요하다. 농업·중소기업 보호 정책, 산업 경쟁력 강화, 사회 안전망 확충 없이는 FTA의 혜택이 일부 계층에만 집중될 수 있다. 또한 미·중 갈등, 공급망 재편, 디지털 통상 규범 등장 등 새로운 환경 속에서, 한국은 FTA 전략을 경제 안보 전략과 연결해 나가야 한다.

제4부

재정과 국가 운영

- 세금과 전쟁이 만든 국가의 경제학

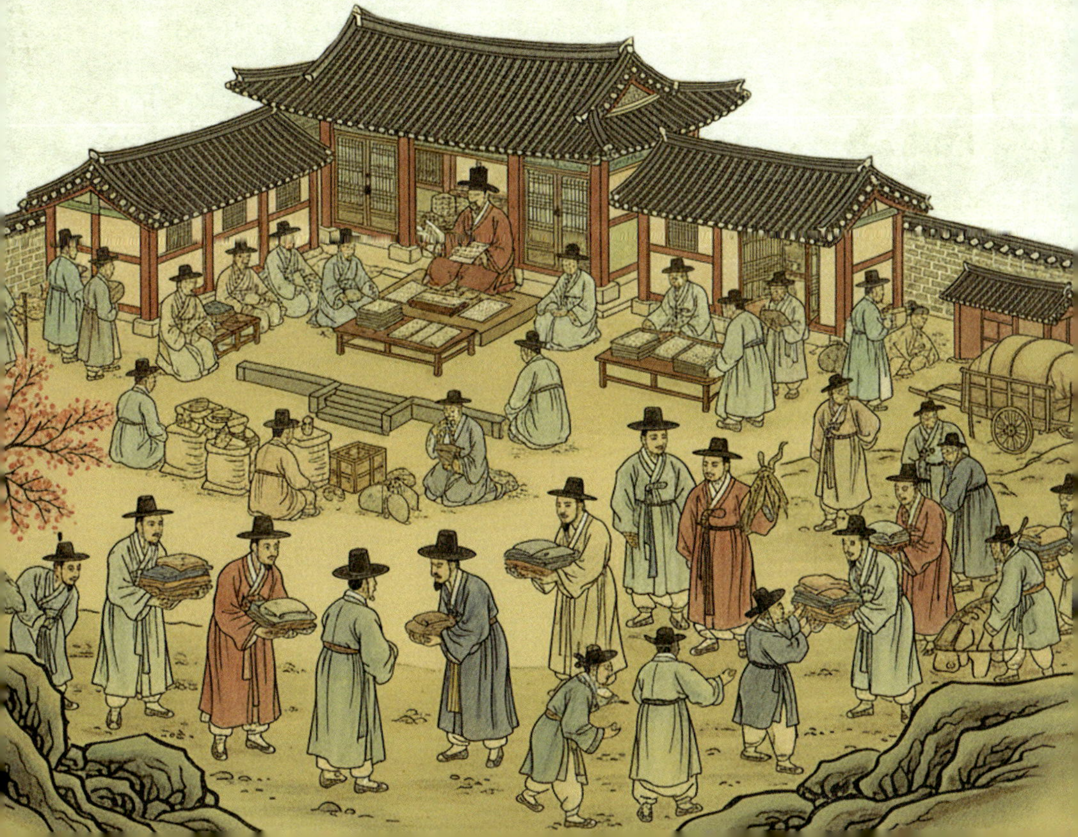

재정은 국가의 실체를 드러낸다. 삼국의 조세 제도는 군사와 행정의 기초였고, 고려의 전쟁 재정은 민생을 파탄시켰다. 조선의 공납제도는 세도정치로 무너졌고, 임진왜란과 병자호란은 국가 재정의 한계를 드러냈다.

정조의 개혁과 대한제국의 근대재정 시도는 새로운 시스템으로의 진입을 꿈꿨으나, 일제의 통제로 좌절됐다. 해방 후 전시 재정은 국가 재건의 자양분이 되었고, 이후 산업화 과정에서 재정은 성장의 엔진으로 작동했다.

재정은 단순한 세입·세출의 문제가 아니라 국가의 철학이다. 세금은 통치의 언어이며, 공공의 약속이다. 『한국사 경제학』은 재정의 진화를 '공정과 지속 가능성의 시험대'로 본다.

삼국의 조세 제도와 국가 재정

조세 제도의 기원과 삼국의 공통 구조

삼국시대는 한반도 고대 국가가 중앙집권적 체제를 확립하며, 백성으로부터 세금을 거두어 국가 재정을 운영하기 시작한 시기였다. 이 시기의 조세 제도는 토지세·노동력·특산물 공납으로 크게 나눌 수 있다.

고구려는 정전(丁田) 제도를 바탕으로 농민들에게 토지를 분급하고, 수확의 일부를 세금으로 거두었다. 또한 일정 연령 이상의 남자는 군역과 부역에 동원되었다. 백제 역시 지방 촌락을 단위로 세금을 거두었으며, 곡물 외에도 비단, 베, 특산품을 공납하게 했다. 신라는 골품제를 기반으로 한 계층 질서 속에서 조세가 징수되었으며, 농민은 토지세와 함께 군사 복무의 의무를 졌다.

세 국가 모두 조세 제도를 통해 농업 생산물을 확보하고, 동시에 백성의 노동력과 특산물을 거둠으로써 중앙집권적 권력을 유지했다. 이는 고대 국가가 경제적 기반을 마련하는 핵심 장치였다.

국가 재정 운영과 군사·토목 사업

삼국의 조세 제도는 단순히 세금을 거두는 데 그치지 않고, 국가 재정 운영의 토대가 되었다.

첫째, 군사 재정이다. 고구려·백제·신라는 끊임없는 전쟁과 영토 확장을 위해 막대한 군사 비용이 필요했다. 조세로 거둔 곡물은 군량으로 사용되었고, 인력은 군사로 동원되었다. 특히 고구려는 광개토대왕과 장수왕 시기 대규모 원정을 위해 조세를 집중적으로 활용했다.

둘째, 토목 사업이다. 성곽 축조, 궁궐 건설, 수로 정비 등 대규모 공공 토목 사업에도 조세가 쓰였다. 신라는 특히 수로왕 이후 국가적 규모의 수리 사업을 추진하여 농업 기반을 강화했다. 이는 곧 세수 확대와 재정 안정으로 이어졌다.

셋째, 왕실과 귀족의 생활 유지다. 조세는 국가 권력 유지뿐 아니라 지배층의 생활을 지탱하는 재원이었다. 농민이 납부한 세금은 왕실과 귀족들의 소비를 충족시키는 역할을 하기도 했다. 이는 재정 운영의 비효율성을 낳기도 했으나, 당시 사회 구조상 불가피한 측면도 있었다.

삼국 조세 제도의 의의와 교훈

삼국시대 조세 제도와 국가 재정 운영은 한국 고대 경제의 기초를 형성했으며, 여러 측면에서 중요한 의미가 있다.

첫째, 국가 형성의 기반이다. 조세를 거두고 재정을 운영할 수 있었기에 삼국은 군사력과 정치력을 유지하며 중앙집권 국가로 발전할 수 있었다. 조세 제도는 단순한 경제적 장치가 아니라, 국가 형성의 근간이었다.

둘째, 농민 부담과 사회적 갈등이다. 조세와 부역은 농민에게 큰 부담이었다. 전쟁과 자연재해가 겹치면 세금 납부가 어려워지고, 이는 곧 농민 봉기와 사회 불안을 불러왔다. 삼국의 흥망성쇠에는 이러한 조세 부담이 중요한 요인으로 작용했다.

셋째, 경제 운영의 전통이다. 토지세·공납·역이라는 삼중 구조는 이후 고려와 조선까지 이어졌다. 삼국시대의 조세 제도는 한국 전통 재정 운영의 뿌리라 할 수 있다.

삼국의 조세 제도는 경제 발전과 국가 운영에 있어 재정의 중요성을 일깨운다. 국가가 세금을 공정하게 거두고, 이를 효율적으로 사용해야만 사회적 신뢰와 안정이 유지된다. 오늘날 조세 정의와 재정 건전성 논의는, 사실 삼국시대부터 이어져 온 국가 운영의 핵심 과제였다고 볼 수 있다.

조선 초기 공납제도의 모순

공납제도의 형성과 운영 원리

　조선은 건국 초기에 국가 재정 기반을 확립하기 위해 토지세(전세), 군역, 그리고 공납이라는 삼대 세목을 정비하였다. 이 중 공납(貢納)은 지방의 특산물을 중앙 정부에 바치는 제도로, 지역별 자원을 활용해 국가 재정을 충당하려는 취지에서 마련되었다.

　예컨대 강원도는 무명과 종이를, 전라도는 비단과 쌀을, 충청도는 대나무와 약재를 바치도록 하는 식이었다. 원칙적으로는 각 지방의 생산 여건에 맞는 물품을 납부하게 하여 부담을 균등하게 하려는 것이었다. 그러나 실제 운영 과정에서는 제도의 취지가 왜곡되었다.

　공납은 현물로 납부해야 했기 때문에, 백성은 자신이 직접 생산하지 않는 물품을 마련하기 위해 장거리 교역을 하거나, 상인에게 고가로 물품을 사서 바쳐야 했다. 이 과정에서 경제적 부담이 눈덩이처럼 불어났고, 공납은 백성에게 가장 큰 고통을 안겨주는 세목으로 전락하였다.

폐단의 심화와 민생 파탄

공납제도의 모순은 시간이 갈수록 심화했다.

첫째, 방납(防納)의 폐단이다. 백성이 직접 납부하지 않고, 중간 상인이나 권세가들이 대신 물품을 납부하는 제도가 일반화되었다. 이들은 물품 조달을 독점하고 과도한 이익을 챙겼다. 백성은 원래 세금보다 몇 배 비싼 값을 치러야 했고, 생활은 궁핍해졌다.

둘째, 물품 수요의 비현실성이다. 중앙 정부가 요구하는 공납 품목은 실제 지역 생산과 맞지 않는 경우가 많았다. 어떤 지역에는 거의 나지 않는 물품을 억지로 바치게 하여, 백성은 빚을 내어 물건을 사야 했다. 이는 농민 경제를 파탄으로 몰아넣었다.

셋째, 관료와 권력층의 부패다. 지방 관리와 중앙 관료가 방납 과정에서 이익을 챙기며, 공납제는 백성 수탈의 수단으로 전락했다. 이는 조선 사회의 불평등을 심화시키고, 국가 재정에 대한 신뢰를 무너뜨렸다.

넷째, 민란의 불씨다. 공납 부담을 견디지 못한 농민들은 토지를 버리고 유랑하거나, 집단으로 봉기하였다. 조선 초기부터 이어진 이러한 구조적 모순은 훗날 임진왜란 전후의 민생 파탄으로 연결되었고, 국가 존립을 위협하는 요인으로 작용했다.

공납제도의 의의와 역사적 교훈

조선 초기 공납제도의 모순은 한국 재정사에서 중요한 의미가 있다.

첫째, 현물 조세의 한계다. 공납제는 이론적으로 합리적이었지만, 현물 납부라는 특성 때문에 실제로는 비효율적이고 부패에 취약했다. 이는 화폐 경제가 충분히 발달하지 못한 사회에서 발생하는 구조적 문제였다.

둘째, 제도와 현실의 괴리다. 제도가 아무리 정교해도 현실의 생산·유통 구조와 맞지 않으면 백성에게 과도한 부담이 전가된다. 조선 초기 공납제도는 제도의 취지와 운영 현실이 얼마나 동떨어질 수 있는지를 잘 보여준다.

셋째, 개혁의 필요성이다. 공납의 모순은 결국 대동법이라는 제도 개혁을 낳았다. 공납을 쌀로 통일해 납부하게 한 대동법은 조세 정의를 회복하려는 시도였다. 즉, 공납의 모순은 후대 개혁의 동력을 제공했다는 점에서 역설적 의미를 지닌다.

조선 초기 공납제의 경험은 현대 조세 제도에도 시사점을 준다. 조세가 공정하지 못하거나 특정 계층에 불합리한 부담을 지우면, 국민의 저항과 불신을 불러온다. 세금 제도는 투명성, 공정성, 효율성을 갖추어야만 사회적 신뢰를 얻을 수 있다. 이는 삼백 년 전 조선 사회나 오늘날 한국 사회나 다르지 않은 진리이다.

고려 전쟁 재정과 민생 파탄

빈번한 전쟁과 재정 압박

고려는 건국 초기부터 외세의 침략과 국경 방어에 시달렸다. 거란, 여진, 몽골 등과의 전쟁은 고려 재정에 막대한 부담을 안겼다. 국방비 지출이 지속해서 늘어나면서, 평상시에도 군량미 비축과 성곽 축조, 무기 제작 등 군사 관련 지출이 국가 재정의 큰 비중을 차지했다.

특히 10~11세기 거란과의 세 차례 전쟁은 고려 재정 운영을 극도로 긴장시켰다. 농민들로부터 거둬들인 조세와 공물은 대부분 전쟁 비용으로 소모되었고, 평상시 민생 안정과 사회 기반 시설 확충에는 재원을 투입하기 어려웠다. 전쟁이 장기화하면서 농경지가 황폐해지고 인구가 유실되자, 세수 기반 자체가 약화하는 악순환이 이어졌다.

전쟁 재원 조달 방식과 민생의 고통

고려 정부는 부족한 전쟁 재정을 충당하기 위해 다양한 방법을 동원했으나, 이는 대체로 백성들에게 큰 고통을 안겼다.

첫째, 세금의 가중이다. 전쟁 때마다 세율을 높이거나 공납을 늘렸고, 농민들은 수확의 상당 부분을 세금으로 빼앗겼다. 기근과 흉년이 겹치면 농민은 세금을 감당할 수 없어 토지를 잃고 떠도는 신세가 되었다.

둘째, 부역과 노역의 강화다. 성곽 축조, 군량 운반, 무기 제작 등 전쟁 관련 노역은 대부분 농민에게 전가되었다. 이에 따라 농사철에도 밭을 지키지 못해 생산력이 급격히 떨어졌다.

셋째, 사채(私債) 확산이다. 세금을 내기 위해 빚을 지는 농민이 늘어나면서, 고리대금업이 성행했다. 특히 전시에는 군량 조달을 명목으로 상인이나 지주들이 농민에게 고금리 대출을 제공했고, 이는 곧 토지와 인력의 수탈로 이어졌다.

넷째, 귀족의 전횡이다. 전쟁으로 국가 재정이 궁핍해지자 귀족들은 사재를 축적하기 위해 농민을 더 수탈했다. 국가는 귀족의 이해관계를 통제하지 못했고, 이는 농민 경제의 파탄을 가속했다.

고려 전쟁 재정의 교훈과 역사적 의미

고려의 전쟁 재정 운영은 민생을 희생하면서 전쟁 비용을 충당한 전형적 사례로, 이후 한국 역사에 여러 교훈을 남겼다.

첫째, 국가 재정의 취약성이다. 고려는 농업 기반 세수에 지나치게 의존했기에, 전쟁이 발생하면 재정 운영이 곧바로 위기에 빠졌다. 재정 기반을 다변화하지 못한 한계가 분명했다.

둘째, 민생 희생의 악순환이다. 전쟁 재정을 확보하기 위해 세금과 부역을 늘리면, 농민 경제는 붕괴하고 세수 기반은 더 축소되었다. 이는 국가 재정과 민생 모두를 무너뜨리는 악순환이었다.

셋째, 지배층의 책임 회피다. 전쟁 재정의 부담은 대부분 농민이 짊어졌고, 귀족과 권문세족은 오히려 전쟁을 통해 부를 축적했다. 이는 고려 사회의 불평등을 심화시켰고, 농민 봉기와 사회 불안으로 이어졌다.

넷째, 오늘의 교훈이다. 고려의 전쟁 재정 경험은 현대 국가에도 시사점을 준다. 전쟁이나 위기 상황에서 재정을 어떻게 조달하고 분배할 것인가는 국가 존망의 문제다. 민생을 파탄 내는 방식은 결코 장기적 해결책이 될 수 없다. 오늘날 국가 재정 정책 역시 국민 부담의 형평성과 사회적 신뢰를 기반으로 설계되어야 한다.

임진왜란과 전란 재정의 파국

전란 발발과 국가 재정의 붕괴

1592년 임진왜란은 조선 사회 전반에 걸친 총체적 위기였다. 왜군의 대규모 침략은 국토를 초토화했고, 국가 재정 또한 돌이킬 수 없는 타격을 입었다. 전쟁 전부터 조선은 이미 삼정의 문란과 공납제도의 폐단으로 재정이 취약한 상태였다. 여기에 수년간 이어진 대규모 전쟁은 국가 곳간을 완전히 비워버렸다.

군량미를 확보하기 위해 조정은 전국의 창고를 털어 곡식을 징발했지만, 전쟁 초기 패전과 도성 함락으로 중앙 재정은 사실상 마비되었다. 지방 수취 체계도 붕괴하여 세금 징수가 불가능해졌고, 국가 재정은 제대로 된 수입 없이 지출만 늘어나는 상태에 빠졌다. 이는 곧 재정 파국으로 직결되었다.

전쟁 재정 조달 방식과 민중의 고통

　전쟁을 지속하기 위해 조선 정부는 갖가지 방법으로 재정을 충당했으나, 대부분 농민과 민중에게 고통을 떠넘기는 방식이었다.

　첫째, 과도한 군량미 징발이다. 전쟁 기간 백성들의 곡식과 가축은 강제로 징발되었고, 농번기에도 병력이 징발되면서 농업 생산은 거의 불가능했다. 기근과 세금 부담이 겹치면서 농민들은 굶주림과 파산에 직면했다.

　둘째, 공납과 부역의 강화다. 무기 제작, 성곽 보수, 군량 운반 등 각종 부역이 민중에게 부과되었다. 전시 상황이라는 이유로 기존보다 훨씬 과중한 부담이 가해졌으며, 이는 생활 기반을 무너뜨렸다.

　셋째, 사채와 고리대금의 확산이다. 백성들은 세금과 군량 부담을 감당하기 위해 빚을 질 수밖에 없었다. 이 과정에서 상인과 지주, 권문세족이 고리대금을 통해 막대한 이익을 챙겼고, 농민 경제는 더욱 파탄 났다.

　넷째, 국가의 임시적 조치다. 조정은 전비를 충당하기 위해 재정 긴급 조치를 남발했다. 은과 동전의 강제 유통, 임시 세금 신설 등이 대표적이다. 그러나 이는 시장 질서를 더 교란하고, 화폐 가치 불안정과 물가 폭등을 초래했다.

전란 재정 파국의 의의와 교훈

임진왜란은 조선 재정 운영의 구조적 취약성을 드러냈고, 국가 존망이 재정 기반에 달려 있음을 보여주었다.

첫째, 재정 기반의 협소성이다. 농업 생산물에 지나치게 의존한 조세 구조는 전쟁이 발발하자 곧바로 붕괴했다. 다변화된 세수 구조와 국가 비상 재정 시스템이 부재했던 것이 치명적이었다.

둘째, 민생 희생의 한계다. 재정을 확보하기 위해 민중에게 과도한 부담을 전가하는 방식은 단기적으로는 전쟁을 버티게 했지만, 장기적으로는 사회 기반을 무너뜨렸다. 민중의 피폐는 전쟁 수행 능력을 약화하고, 전후 복구를 지연시켰다.

셋째, 지배층의 무능과 부패다. 일부 관료와 지배층은 전란 중에도 사적 이익을 챙기며, 백성들의 고통을 가중했다. 이는 국가 재정의 파국을 더 심화시켰고, 조정에 대한 불신을 증폭시켰다.

임진왜란 기의 재정 파탄은 오늘날에도 시사점을 준다. 전쟁이나 경제 위기와 같은 비상 상황에서 재정을 어떻게 확보하고 운용할 것인가는 국가 생존의 핵심이다. 단기적 조치보다 장기적 기반을 마련하고, 무엇보다 민생 안정과 사회적 신뢰를 우선시하는 재정 운영이 필요하다. 위기 속에서도 공정하고 지속 가능한 재정 전략이 없다면 국가는 존속하기 어렵다는 사실을 임진왜란은 보여주었다.

정조의 재정개혁 시도

개혁 군주의 재정 인식

조선 22대 임금 정조(正祖, 재위 1776~1800)는 뛰어난 학문적 소양과 정치적 안목을 갖춘 군주로 평가된다. 그는 단순히 학문과 문화 부흥에만 그치지 않고, 국가 재정의 문제를 정확히 인식하였다. 영조대 이후 이어진 균역법의 시행으로 군포 부담은 줄었지만, 그 보전을 위해 각종 잡세와 부과금이 신설되면서 민생은 여전히 어려웠다.

정조는 이러한 모순을 해결하기 위해 재정의 공정성·효율성·국민 부담 경감을 핵심 과제로 삼았다. 그는 무엇보다도 백성의 삶을 안정시켜야만 국가 재정도 튼튼해질 수 있다는 인식을 하고 있었다. 이는 당시 군주로서는 매우 진보적 사고였다.

주요 재정개혁 시도와 정책

정조가 추진한 재정개혁은 다양한 영역에 걸쳐 있었다.

첫째, 장용영 운영과 군사 재정 개편이다. 정조는 왕권 강화를 위해 친위부대인 장용영을 설치했는데, 이는 단순한 군사 조직이 아니라 재정 운영과도 깊은 관련이 있었다. 장용영 운영 재원을 중앙 재정에서 직접 관리하면서, 지방 수령과 세도 가문이 군사 재정을 사적으로 전용하는 것을 막고자 했다. 이는 군사 재정의 투명성을 높이려는 시도였다.

둘째, 시전 상인 규제 완화와 상업 진흥이다. 정조는 기존의 금난전권(禁亂廛權)을 폐지해 중소 상인의 활동을 보장했다. 이는 세수 확대를 염두에 둔 조치였다. 상업이 활발해져야 조세 기반이 넓어지고, 국가 재정도 안정될 수 있다는 판단이었다. 이 정책은 시장 경제의 자율성을 확대하고, 상업 자본의 성장을 촉진하는 효과를 낳았다.

셋째, 화성 건설과 재정 동원 방식이다. 정조는 아버지 사도세자의 명예 회복과 국방 강화를 위해 화성을 축조했는데, 이 과정에서 국가 재정을 합리적으로 운영하려는 노력이 드러났다. 그는 화성 축조에 백성들의 부역을 최소화하고, 전국적으로 모금과 자발적 참여를 독려했다. 이는 재정 동원에서 민생 부담을 줄이고 공정성을 확보하려는 시도로 볼 수 있다.

넷째, 서얼 허통(許通)과 인재 등용 확대다. 정조는 신분 차별을 완화해 인재를 적극적으로 등용했는데, 이는 단순한 인사 정책이 아니라 재정개혁과도 연결되었다. 유능한 인재가 재정 운영을 맡아야 부패를 줄이고, 국가 재정이 합리적으로 운용될 수 있었기 때문이다.

정조 개혁의 의의와 한계

　정조의 재정개혁 시도는 여러 측면에서 중요한 의미를 지닌다.

　첫째, 민생 중심의 재정 철학이다. 정조는 백성의 부담을 덜어주고 경제 활력을 높이는 것이 곧 재정 안정으로 이어진다는 점을 명확히 인식했다. 이는 조선 후기 재정 운영에서 새로운 패러다임을 제시한 것이다.

　둘째, 상업 진흥을 통한 세수 확대다. 전통적으로 농업 중심이었던 조세 구조에서 벗어나, 상업과 시장 경제를 국가 재정 기반으로 삼으려는 시도는 근대적 사고에 가까웠다. 이는 조선이 근대 경제로 나아갈 가능성을 열어주었다.

　셋째, 제도 개혁의 한계다. 정조의 재위 기간은 24년에 불과했고, 세도정치가 다시 시작되면서 그의 개혁은 대부분 지속되지 못했다. 장용영의 군사 재정 개편은 왕권 강화의 수단으로만 남았고, 상업 진흥 정책도 세도 가문과 기득권층의 반발 속에 약화했다.

　정조의 개혁은 재정 운영이 단순한 세수 확보가 아니라, 민생 안정·경제 활성화·정치 개혁과 긴밀히 연결되어 있음을 보여준다. 이는 현대 한국 사회에도 중요한 메시지다. 재정 정책은 단순히 균형재정이나 적자 관리 차원을 넘어, 사회적 신뢰와 정치 개혁의 기반으로 작용할 수 있어야 한다.

세도정치기의 삼정 문란과
재정 붕괴

세도정치와 재정 운영의 왜곡

19세기 전반 조선은 안동 김씨와 풍양 조씨 등 소수 가문이 권력을 독점하는 세도정치기에 접어들었다. 왕권은 형식화되었고, 국정 운영은 특정 문중의 이해관계에 따라 좌우되었다. 이러한 정치 구조는 재정 운영에도 심각한 왜곡을 가져왔다.

국가 재정은 본래 전세(田稅), 군정(軍丁), 환곡(還穀)의 삼정(三政)을 통해 확보되었다. 전세는 토지에서 걷는 세금, 군정은 군포로 거두는 군역의 대가, 환곡은 춘궁기에 곡식을 빌려주고 추수 후 갚게 하는 제도였다. 그러나 세도정치 하에서 삼정은 본래의 취지와 달리 탐관오리와 권세가들의 사적 이익을 충당하는 수단으로 전락했다.

국가 재정이 공공 목적을 잃고 사적 전유물로 변질되면서, 백성의 부담은 극도로 가중되었다. 이는 곧 민생 파탄과 사회 불안을 불러왔다.

삼정 문란의 구체적 양상

세도정치기 삼정의 문란은 각 영역에서 고질적으로 나타났다.

첫째, 전정(田政)의 문란이다. 토지세는 원칙적으로 토지 비옥도와 생산량에 따라 부과되었지만, 실제로는 부패한 수령과 아전들이 임의로 세금을 늘려 거두었다. 토지를 소유하지 않은 농민에게까지 세금이 부과되는 일이 흔했고, 이중과세와 부당 징수로 농민은 토지를 포기하거나 유랑민으로 전락했다.

둘째, 군정(軍政)의 문란이다. 군포는 성인 남자라면 누구나 부담해야 했는데, 부유층은 뇌물을 주고 면제받지만, 가난한 농민은 과중한 부담을 떠안았다. 심지어 죽은 자의 이름으로도 군포를 거두는 '백골징포(白骨徵布)'가 자행되었다. 이는 민심을 극도로 악화시킨 대표적 사례였다.

셋째, 환곡(還穀)의 문란이다. 원래 환곡은 백성을 구제하는 목적이었으나, 세도정치기에는 관리들의 착복 수단으로 변질되었다. 곡식을 빌려주고 이자를 과도하게 요구하거나, 갚았는데도 더 내라고 강요하는 사례가 빈번했다. 환곡 이익은 지방 수령과 중앙 권력층의 사적 재산으로 흘러 들어갔다.

이처럼 삼정 문란은 제도 자체의 문제라기보다 운영 주체의 부패에서 비롯된 것이었다. 그러나 결과적으로 백성은 삼중고(三重苦)를 겪으며 생존 자체가 위협받았다.

재정 붕괴와 역사적 교훈

삼정 문란은 조선 후기 재정 붕괴와 사회적 혼란의 직접적 원인이 되었다.

첫째, 국가 재정의 파탄이다. 표면적으로는 세금이 늘어났지만, 실제로는 부패로 인해 중앙 정부 곳간에 들어오는 수입은 줄어들었다. 재정은 지배층의 사적 소비로 낭비되었고, 국가적 차원의 위기 대응 능력은 점점 약화했다.

둘째, 민란과 사회 불안의 확산이다. 과중한 세금과 부당 징수에 시달리던 농민들은 봉기와 저항으로 맞섰다. 19세기 전국 각지에서 발생한 민란, 특히 홍경래의 난(1811)과 동학농민운동의 전조는 삼정 문란에서 비롯된 민중의 분노였다.

셋째, 체제 붕괴의 가속화다. 삼정의 문란은 조선 후기 국가 체제가 더 이상 민생을 보호하지 못한다는 사실을 보여주었다. 이는 조선 사회의 정당성을 무너뜨리고, 근대 전환기에 제대로 대응하지 못하게 만든 구조적 원인이었다.

세도정치기의 삼정 문란은 재정 운영의 공정성과 투명성이 국가 존립의 핵심이라는 사실을 일깨운다. 세금이 공정하게 거두어지고 공익을 위해 사용될 때 국민은 국가를 신뢰한다. 그러나 권력층의 사익 추구로 재정이 왜곡되면, 국가는 내부로부터 붕괴할 수밖에 없다. 이는 오늘날에도 여전히 유효한 역사적 교훈이다.

한국사 경제학

대한제국의 근대적 재정개혁 시도

재정개혁의 필요성과 배경

19세기 말 조선은 국제 질서의 거대한 소용돌이 속에 있었다. 개항 이후 불평등 조약 체제 아래에서 무역 적자와 재정 악화가 심화했고, 세도정치기의 삼정 문란이 남긴 폐단은 여전히 백성들의 삶을 옥죄고 있었다. 게다가 일본과 서구 열강의 경제적 침투는 국가 재정을 더 위축시켰다.

1897년 대한제국이 수립되면서 고종은 근대적 재정개혁을 국가 생존의 핵심 과제로 인식하였다. 그는 자주독립을 천명하며, 정치·군사뿐 아니라 재정 체제를 근대적으로 개편해 국가 주권을 지키고자 했다. 재정개혁은 단순한 세제 개편이 아니라, 국가 체제 근대화를 위한 필수 조건이었다.

근대적 재정개혁의 추진과 내용

대한제국이 시도한 재정개혁은 다양한 분야에서 전개되었다.

첫째, 탁지부 설치와 재정 일원화다. 1894년 갑오개혁 이후 재정은 탁지아문에서 관할했으나, 대한제국은 이를 확대 개편해 탁지부를 설치했다. 재정 권한을 한 부서로 집중시켜 예산 편성과 집행을 통일하려 한 것이다. 이는 전통적인 분산적 재정 구조를 근대적 일원화 체제로 전환하려는 시도였다.

둘째, 예산제도 도입이다. 근대 국가 재정 운영의 핵심인 예산제도가 처음으로 시도되었다. 각 부서의 예산을 사전에 편성하고, 국왕의 재가를 거쳐 집행하도록 하여 재정 운영의 합리성과 투명성을 높이고자 했다.

셋째, 화폐제도 개혁이다. 대한제국은 근대적 화폐제도를 정비하기 위해 1901년 은본위제에서 금본위제를 도입하려 했으며, 근대 은행제도를 통해 금융 기반을 마련하고자 했다. 중앙은행 성격을 띤 대한제국 은행 설립도 이러한 노력의 일환이었다.

넷째, 세제 개편이다. 전통적 현물세를 화폐 납부 방식으로 전환하고, 지방 수령의 전횡을 줄이려 했다. 또한 토지 조사와 호구 조사를 통해 과세 기반을 현대적으로 재편하려는 시도가 있었다.

다섯째, 외채와 재정 자립의 모순이다. 대한제국은 재정개혁을 추진하는 동시에 열강으로부터 차관을 도입했다. 이는 근대적 제도를 운용하기 위한 필요였으나, 결과적으로 재정 자립을 어렵게 하고 열강의 간섭을 불러오는 역설적 결과를 낳았다.

재정개혁의 성과와 한계, 그리고 교훈

대한제국의 재정개혁은 짧은 기간이었지만, 한국 재정사에서 중요한 전환점을 마련했다.

첫째, 성과다. 탁지부 중심의 재정 일원화, 예산제도의 도입, 화폐·세제 개혁은 전통적 재정 운영을 넘어 근대적 틀을 마련한 시도였다. 이는 이후 일제 강점기 재정 운영의 기초가 되었고, 해방 후 한국 정부 수립 시에도 제도적 영향을 남겼다.

둘째, 한계다. 재정개혁은 충분히 뿌리내리지 못했다. 정치적 불안, 열강의 간섭, 내부 관료 조직의 저항으로 인해 개혁은 절반의 성과에 그쳤다. 무엇보다 외채 의존은 대한제국 재정 자립의 가장 큰 걸림돌이었다. 근대적 제도를 도입했으나, 실질적 운영은 열강의 이해관계에 종속될 수밖에 없었다.

셋째, 역사적 의의다. 대한제국의 재정개혁은 한국이 근대 국가로 나아가기 위해 반드시 거쳐야 했던 실험이었다. 비록 실패와 한계가 많았으나, 근대적 재정의 필요성을 명확히 인식하고 제도를 정비했다는 점에서 의미가 있다.

대한제국의 경험은 근대적 제도 수입이 단순한 모방에 그치면 안 된다는 점을 일깨운다. 외부 압력 속에서 자율적 운영 능력을 갖추지 못하면, 제도는 형식에 머물고 주권은 약화된다. 오늘날 한국이 국제 금융 규범과 글로벌 경제 질서에 참여할 때도, 제도 도입과 자율적 운영 능력의 균형이 무엇보다 중요하다.

한국전쟁과 전시 재정

전쟁 발발과 국가 재정의 위기

1950년 6월 25일 한국전쟁이 발발하자, 신생 대한민국은 정치·사회·경제 전반에서 극심한 위기를 맞았다. 불과 2년 전 정부를 수립한 상태였기에 국가 재정은 체계조차 잡히지 않은 불안정한 구조였다.

전쟁 초기 북한군의 급속한 남하로 서울을 포함한 주요 산업·금융 기반이 붕괴했고, 정부는 부산으로 피란하면서 중앙 재정의 기능도 사실상 마비되었다. 세금 징수는 거의 불가능했고, 국가 지출은 급격히 증가했다. 군사비와 전쟁 피해 복구, 피란민 구호에 막대한 비용이 필요했지만, 이를 충당할 재원은 턱없이 부족했다.

이러한 상황에서 한국 정부는 전시 재정 체제를 긴급히 가동해야 했다. 재정 운영은 평시와 전혀 다른 비상 구조로 전환되었고, 이는 전쟁이 끝날 때까지 한국 경제를 지배하는 기본 틀이 되었다.

전시 재정의 운영 방식과 특징

한국전쟁기 전시 재정은 여러 가지 특수한 방식으로 운영되었다.

첫째, 세입 기반의 약화다. 국토 대부분이 전쟁터가 되었기에 농업 생산과 산업 활동은 사실상 마비되었다. 세수는 급격히 줄어들었고, 국세 체계는 유명무실해졌다.

둘째, 통화 발행 확대다. 정부는 부족한 재정을 메우기 위해 화폐를 대량 발행했다. 이는 전시 상황에서 불가피한 조치였으나, 물가 상승을 가속해 하이퍼 인플레이션을 초래했다. 1950~1953년 사이 물가는 수십 배 치솟았고, 원화 가치는 급락했다.

셋째, 미국 원조 의존이다. 전쟁 재정의 가장 큰 비중은 미국 원조였다. 군사 원조와 함께 경제 원조가 집중적으로 이루어져, 무기와 군수 물자는 물론, 곡물·의약품 등 민생물자도 대부분 미국의 지원에 의존했다. 이는 전쟁 수행을 가능하게 했지만, 동시에 한국 재정을 대외 원조에 종속시키는 구조를 만들었다.

넷째, 전시 재정 조치다. 정부는 물자 배급제, 가격 통제, 세제 개편 등 다양한 긴급 조치를 시행했다. 전쟁 수행을 위해 군사비 지출을 최우선으로 배정했으며, 민간 경제는 최소한의 생존 수준에서 유지되었다.

전시 재정의 결과와 교훈

한국전쟁기 전시 재정은 단기적으로는 전쟁 수행을 가능하게 했지만, 장기적으로는 한국 경제 구조에 심대한 영향을 남겼다.

첫째, 경제의 왜곡이다. 전쟁 중 화폐 남발과 물가 폭등은 경제 안정성을 완전히 무너뜨렸다. 전쟁 후에도 인플레이션은 쉽게 잡히지 않았고, 경제 회복을 지연시키는 요인으로 작용했다.

둘째, 재정 자립의 상실이다. 전쟁 재정의 대부분을 미국 원조에 의존한 결과, 한국은 재정 주권을 상당 부분 상실했다. 이는 이후 미국 원조 경제 체제의 출발점이 되었으며, 1960년대까지 이어진 경제 구조적 종속의 뿌리가 되었다.

셋째, 사회적 양극화 심화다. 전시 혼란 속에서 일부 계층은 원조 물자와 전시 특수를 통해 이익을 챙겼지만, 대다수 국민은 극심한 빈곤에 시달렸다. 이는 전후 한국 사회의 불평등 구조를 심화시키는 계기가 되었다.

한국전쟁기의 전시 재정은 국가 위기 상황에서 재정 운영이 어떤 방향으로 가야 하는지를 보여준다. 전쟁이라는 특수 상황에서 원조와 긴급 조치가 불가피했지만, 장기적 관점에서 자립적 재정 기반을 마련하지 못한 것은 뼈아픈 한계였다. 오늘날 국가 재정 정책 역시 비상 상황에서의 안정성과 장기적 자립성을 동시에 고려해야 한다는 교훈을 준다.

제5부

산업과 기업

- 생산의 체질, 기업의 진화

산업은 경제의 근육이다. 삼국시대의 철·말·무기 산업, 고려의 청
자, 조선의 수공업, 모두 기술과 자본의 결합이 만들어낸 성취였다.

그러나 조선의 관영 수공업은 국가 통제의 틀에 갇혀 시장 경제로
발전하지 못했다. 민간 수공업이 성장한 조선 후기, 그리고 일제의
식민 산업정책을 거치며 한국의 산업구조는 불균형하게 형성되었다.

해방 이후 수출지향 산업화, 중화학 공업화, 재벌 체제, 벤처산업—
모두 한국적 산업 DNA의 진화 과정이다. 산업의 역사는 기술의 진
보이자 노동과 자본의 긴장 역사다.

『한국사 경제학』은 그 역동성 속에서 지속 가능한 산업 윤리를 모
색한다.

삼국시대 철·말·무기 산업

철의 보급과 산업적 활용

삼국시대는 한국 고대 경제사에서 철의 시대라 불릴 만큼 철의 보급과 활용이 국가 경쟁력의 핵심이었다. 철제 농기구의 확산은 농업 생산력을 크게 끌어올려 인구 증가와 군사력 확충의 토대가 되었다.

고구려는 한강 이북의 철광 자원을 확보해 철제 무기와 도구를 대량 생산했다. 이는 북방 민족과의 전쟁에서 군사적 우위를 점하는 원동력이 되었다. 백제는 한강 유역과 충청 지역에서 생산된 철을 활용해 농기구와 무기를 공급하며 중앙집권 체제를 강화했다. 신라는 경주 인근의 철 자원을 바탕으로 일찍부터 철기 문화를 발전시켰고, 가야 지역의 풍부한 철 생산과 교류를 통해 세력을 확장했다.

철은 단순한 무기 재료를 넘어 경제적 자산으로 기능했다. 각 나라는 철 생산지를 둘러싸고 치열한 전쟁을 벌였으며, 철 제품은 교역의 핵심 품목으로 자리 잡았다. 삼국시대의 철은 오늘날 산업화 시대의 석유나 반도체에 비견할 만큼 전략적 자원이었던 셈이다.

말과 군사력, 경제적 가치

삼국시대 군사력의 또 다른 핵심은 말(馬)이었다. 기마 전술은 전투의 양상을 바꿔놓았고, 말을 확보하고 관리하는 능력이 곧 국가의 국방력과 직결되었다.

고구려는 기마 민족적 성격을 지니고 있었으며, 기병 전술에서 강점을 발휘했다. 광개토대왕과 장수왕의 영토 확장은 말의 기동성을 활용한 전쟁 방식 덕분이었다. 백제 역시 말 사육과 마구(馬具) 제작에 뛰어나 일본에까지 기술을 전파했다. 신라는 삼국 통일 과정에서 기병을 적극 활용하여 백제·고구려를 압도할 수 있었다.

말은 단순히 군사적 자산을 넘어 경제적 자산으로도 기능했다. 농업 생산에서 쟁기와 운송 수단으로 쓰였고, 대외 교역에서도 귀중한 상품이었다. 특히 신라와 가야에서 제작된 철제 마구는 일본으로 수출되며 국제 교역망 속에서 큰 가치를 인정받았다.

무기 산업과 삼국의 경쟁

삼국시대의 무기 산업은 철과 말의 결합을 통해 발전했다. 국가 간 전쟁이 빈번했기 때문에 무기의 생산과 보급은 곧 국력을 좌우하는 문제였다.

고구려는 철제 창, 검, 갑옷, 투구 등을 대량 제작해 강력한 군사력을 유지했다. 특히 개마무사(鎧馬武士)라 불리는 중무장 기병은 철 갑옷을 착용하고 돌격하는 전술로 주변 민족들에게 공포의 대상이 되었다. 백제는 화살촉과 칼, 방패 등 경량 무기를 중심으로 기동성 높은 전술을 구사했다. 신라는 투구와 갑옷, 창과 검을 다양하게 제작하며 삼국 통일 전쟁에서 전략적 우위를 확보했다.

무기 산업은 단순한 전쟁 도구의 생산을 넘어 국가의 기술력과 조직력을 상징했다. 철광 자원의 확보, 숙련된 장인의 존재, 국가적 차원의 무기 생산 체계가 결합하면서 삼국의 흥망성쇠가 결정되었다.

무기 산업은 또한 경제적 파급 효과가 컸다. 무기 제작 과정에서 금속 가공 기술이 발전했고, 이는 곧 농기구·생활 도구 생산으로 이어졌다. 즉, 군사적 필요가 민간 경제를 자극해 산업 전반의 성장을 이끈 것이다.

전략 자원이 경제를 이끌다

삼국시대의 철·말·무기 산업은 단순히 군사적 수단이 아니라, 경제적 성장과 국가 발전의 핵심 동력이었다. 철은 생산력과 국방력을 동시에 강화했으며, 말은 군사적 기동성과 경제적 활용 가치를 모두 제공했다. 무기 산업은 국가의 흥망을 좌우하는 전략 산업이었고, 이를 통해 삼국은 각기 다른 방식으로 경쟁과 협력을 이어갔다.

오늘날에도 이 교훈은 여전히 유효하다. 특정 자원이 국가 경제와 안보를 동시에 좌우할 수 있다는 점에서, 현대 사회의 반도체·에너지·첨단 무기 산업은 삼국시대의 철과 말을 떠올리게 한다. 역사는 전

략 자원을 어떻게 활용하느냐가 국가의 미래를 결정한다는 사실을
반복해서 보여주고 있다.

고려청자와 수공업 경제

청자의 탄생과 기술 혁신

고려는 예술과 기술이 결합한 청자(靑瓷)로 세계적인 명성을 얻었다. 9세기 후반부터 중국 당·송의 도자 기술이 한반도에 전래했고, 이를 토대로 고려만의 독창적인 청자 제작 기법이 발전하였다. 특히 전라도 강진과 부안 일대는 양질의 점토와 연료, 바닷길 교통망이 결합한 최적의 생산지로 자리 잡았다.

청자는 단순한 생활 용기를 넘어 귀족과 왕실의 사치품으로 자리 잡았다. 고급 청자의 수요가 늘면서 고려 도공들은 기술 혁신을 거듭했다. 비색(翡色)이라 불리는 맑고 은은한 푸른빛은 '하늘빛을 담은 그릇'이라 불리며 중국과 일본에서 극찬받았다. 12세기에는 상감 기법이 개발되어, 청자의 표면에 흑백의 무늬를 새기는 정교한 기술이 정착했다. 이는 고려청자를 단순한 모방에서 세계적 수준의 예술품으로 끌어올렸다.

청자의 발전은 기술 혁신과 장인의 숙련도를 기반으로 한 산업화의 전형이었다. 이는 단순한 공예품 생산을 넘어, 국가 경제와 사회 구조를 변화시키는 동력이 되었다.

수공업 경제와 사회 구조

고려의 청자 산업은 수공업 경제의 성장과 직결되었다.

첫째, 관영(官營) 수공업이다. 왕실과 귀족이 사용하는 고급 청자는 관영도요(官窯)에서 집중적으로 생산되었다. 국가는 장인을 선발해 특정 지역에 배치하고, 생산과 유통을 통제했다. 이는 국가 재정 확보와 권력층의 사치 수요 충족이라는 두 가지 목적을 동시에 달성하기 위한 것이었다.

둘째, 민영(民營) 수공업의 성장이다. 관영도요 외에도 민간 도요가 발전하여 일반 백성과 해외 시장을 대상으로 한 청자를 생산했다. 특히 교역이 활발한 해안 지역에서는 민간 도요가 번성하여 지역 경제를 활성화했다.

셋째, 사회적 분업의 심화다. 청자 제작에는 토기 제작자, 화공(畵工), 유약 담당자, 운송업자 등 다양한 인력이 필요했다. 이는 농업 중심의 사회 구조 속에서 새로운 분업 경제를 촉진했으며, 장인의 지위 상승과 전문 직능 집단의 형성을 이끌었다.

청자는 단순한 공예품이 아니라 고려 사회에서 수공업의 중요성을 확대하는 계기가 되었고, 경제 구조의 다변화를 촉진했다.

대외 교역과 역사적 의미

고려청자는 국제 교역에서도 중요한 역할을 했다. 중국과 일본은 물론, 동남아시아와 중동까지 청자가 수출되었다. 이는 고려가 동아시아 해상 교역망 속에서 중요한 위치를 차지하고 있었음을 보여준다.

청자는 단순한 교역품이 아니라, 고려의 국가 브랜드 역할을 했다. "비색의 고려청자"는 고려라는 국가의 위상을 드높였고, 문화적·경제적 자산으로 기능했다. 교역을 통해 유입된 은·비단·약재 등은 다시 국내 경제를 풍요롭게 했다.

그러나 원 간섭기 이후 귀족 문화의 쇠퇴와 함께 청자 수요가 줄고, 기술적 정체가 나타나면서 고려청자 산업은 점차 약화했다. 대신 조선 시대 분청사기와 백자가 새로운 중심으로 떠오르게 된다.

역사적으로 고려청자는 단순한 예술품을 넘어, 기술 혁신과 수공업 경제 발전, 국제 교역 활성화라는 세 가지 측면에서 의미가 크다. 이는 오늘날 문화 산업과 수출 산업이 결합하는 방식의 초기 모델이라 할 수 있다.

고려청자는 예술성과 산업성, 경제성과 국제성을 동시에 보여준 사례다. 기술 혁신이 곧 산업의 성장으로 이어졌고, 수공업 경제는 농업 중심 사회에 새로운 활력을 불어넣었다. 나아가 대외 교역을 통해 국가 경제를 세계와 연결한 점에서, 청자는 단순한 공예품을 넘어 국가 발전 전략의 핵심이었다.

오늘날 한국의 반도체·자동차·K-콘텐츠 산업은 고려청자의 교훈을 되새길 만하다. 세계가 주목하는 독창적 기술과 문화적 가치, 그리고 이를 통한 국제적 위상 제고는 역사 속 산업 발전의 보편적 원리임을 보여준다.

조선 전기의 관영 수공업과 한계

관영 수공업의 성립과 운영

조선 전기는 성리학적 질서를 기반으로 한 중앙집권적 체제가 확립된 시기였다. 이 과정에서 국가 주도의 경제 운영, 특히 관영(官營) 수공업이 중요한 역할을 했다. 관영 수공업은 왕실·관청의 필요 물품을 공급하기 위해 국가가 직접 운영한 공장제 수공업 체제였다.

조선 정부는 서울과 지방에 여러 관영 공장(工匠)을 설치해 무기·도자기·직물·금속 제품 등 다양한 물품을 생산하게 했다. 장인은 일정한 신분(공장인·장인)으로 분류되어 세습적으로 종사하거나 일정한 공역을 부담해야 했다. 이들은 국왕과 관청의 수요를 맞추는 데 동원되었으며, 때로는 대외 교역품을 제작하기도 했다.

관영 수공업의 운영은 철저히 국가의 필요를 충족하는 데 목적이 있었다. 농업을 근본으로 하는 사회 구조 속에서 수공업은 부차적인 위치에 있었지만, 왕실과 관료 체제가 유지되기 위해서는 필수적인 산업이었다.

제도적 한계와 장인의 고충

관영 수공업은 국가적 필요를 충족하는 데 일정한 성과를 거두었으나, 여러 가지 구조적 한계를 안고 있었다.

첫째, 강제 동원과 비효율이다. 장인들은 본인의 의사와 무관하게 특정 기술을 세습하거나 관청의 요구에 따라 강제적으로 물품을 제작해야 했다. 이는 창의성과 자율성을 억압했고, 장인들의 생활은 빈곤에서 벗어나기 어려웠다.

둘째, 생산성 저하다. 관영 체제는 장인들을 일정한 수로 유지해야 했기 때문에 인력 과잉이나 비효율적 운용이 발생했다. 또한 기술 혁신보다는 관례적 제작 방식에 의존하여 장기적으로 생산성이 떨어졌다.

셋째, 사적 경제와 괴리다. 민간 시장에서 수요가 늘어나도 관영 수공업은 국가 수요 충족에 묶여 있었기 때문에, 산업 전반의 성장으로 이어지기 어려웠다. 결국 민간 수공업이 활발히 성장하기 전까지는 조선 경제가 다변화하는 데 제약이 컸다.

넷째, 장인의 사회적 고충이다. 관영 장인은 자유로운 경제 활동이 제한되었고, 신분적으로도 차별받았다. 이는 장인들의 사기를 떨어뜨리고 불법적 탈출이나 기피 현상을 불러일으켰다.

역사적 의미와 교훈

조선 전기의 관영 수공업은 국가 주도형 산업 운영의 양면성을 잘 보여준다.

한편으로, 국가가 직접 생산 체제를 관리함으로써 왕실과 관청의 안정적 수요를 충족시켰다. 이는 초기 중앙집권 국가 운영의 기반을 다지는 데 중요한 역할을 했다. 특히 무기 제작과 같이 국가 안보와 직결되는 분야에서는 관영 수공업의 역할이 절대적이었다.

다른 한편으로, 이러한 체제는 장기적으로 경제 발전의 발목을 잡았다. 관영 체제는 자율성과 창의성을 억압하고, 민간 수공업과 시장 경제의 성장을 지연시켰다. 결국 조선 후기에 들어 민간 수공업이 성장하고 관영 수공업이 쇠퇴하는 것은 필연적인 결과였다.

오늘날, 이 사례는 다음과 같은 교훈을 준다. 첫째, 국가 주도의 산업정책은 초기 성장에는 유효하지만, 장기적으로는 민간의 자율성과 혁신을 억제할 수 있다는 점이다. 둘째, 산업 성장의 동력은 시장 수요와 기술 혁신에서 비롯된다는 점이다. 셋째, 특정 산업의 육성 과정에서 노동자의 권익과 삶의 질이 무시되면 지속 가능성이 약화한다는 점이다.

조선 전기의 관영 수공업은 농업 중심 국가에서 산업을 유지하기 위한 필수 제도였지만, 강제성과 비효율이라는 한계를 벗어나지 못했다. 이 제도는 국가 체제 유지에는 기여했지만, 한국 경제사에서 산업의 자율성과 창의성을 억압한 사례로 남는다.

오늘날 한국의 경제정책 역시 국가와 민간의 균형, 공적 필요와 시장 자율성의 조화를 모색해야 한다는 점에서, 조선 전기 관영 수공업의 역사적 경험은 여전히 의미 있는 참고가 된다.

조선 후기 민영 수공업의 성장

관영 수공업의 쇠퇴와 민영 수공업의 부상

조선 전기에는 국가가 운영하는 관영 수공업이 중심을 이루었으나, 시간이 흐르며 그 체제는 점차 한계에 부딪혔다. 강제 동원에 의한 비효율, 장인들의 기피, 국가 재정의 악화로 관영 수공업은 쇠퇴의 길을 걸었다. 대신 민영 수공업이 성장하며 산업의 주도권이 바뀌기 시작했다.

민영 수공업은 시장 수요를 기반으로 자율적으로 운영되었기 때문에, 관영 체제보다 훨씬 유연하고 효율적이었다. 도시의 발달과 상업의 확장은 민영 수공업 성장의 중요한 배경이었다. 한양과 지방의 주요 도시에는 장인과 상인이 모여 전문 시장을 형성했고, 물품의 종류와 품질도 다양화되었다.

특히 17세기 이후 사회·경제적 변화가 가속화되면서 관영 체제의 틀이 무너지고, 민간의 역동성이 전면에 등장했다. 이는 시장 경제의 싹이 트이는 과정이기도 했다.

민영 수공업의 발전 양상

조선 후기 민영 수공업의 발전은 여러 산업 분야에서 두드러지게 나타났다.

첫째, 직물 산업이다. 명주, 모시, 삼베 등은 농촌 가내 수공업 형태로 활발히 생산되었고, 시장을 통해 유통되었다. 일부 지역은 특정 직물 생산지로 특화되어 지역 경제의 기반을 이루었다.

둘째, 금속·목공·도자 산업이다. 무기와 농기구, 생활용품을 제작하는 장인들이 민간 시장에서 활발히 활동했다. 관영 도요의 쇠퇴 이후에는 민간 도요가 중심이 되어 도자기 생산이 확대되었으며, 이는 국내 수요뿐 아니라 대외 교역에도 기여했다.

셋째, 가내 수공업과 전문 장인층의 분화다. 농민들이 농한기에 부업으로 수공업을 겸하거나, 전문 장인들이 독립적으로 생산 활동을 벌였다. 특히 도시에서는 장인들이 일정 지역에 모여 '장인촌'을 이루었고, 품목별로 조직화한 동업 조합이 형성되기도 했다.

넷째, 상업과의 결합이다. 민영 수공업의 성장은 상업 발달과 밀접하게 연계되었다. 장시(場市)와 서울의 시전(市廛)에서 수공업 제품이 거래되었고, 도고(都賈)라 불린 상인들은 수공업 생산물을 대량으로 매집해 전국 시장에 유통했다. 이는 수공업 생산이 단순한 자급 단계를 넘어 상품경제로 편입되었음을 의미한다.

역사적 의미와 교훈

조선 후기 민영 수공업의 성장은 한국 경제사에서 중요한 의미를 지닌다.

첫째, 이는 시장 경제의 확대를 상징한다. 국가 주도의 관영 수공업이 아닌 민간 자율의 수공업이 중심이 되면서, 경제 운영의 무게가 국가에서 민간으로 이동했다. 이는 근대 자본주의로 나아가는 전 단계로서 의미가 깊다.

둘째, 민영 수공업은 지역 경제 활성화의 원동력이 되었다. 각 지역의 특산품 생산과 유통은 지방 경제의 자립성을 높였고, 전국적 교역망 속에서 지역 간 연계가 강화되었다.

셋째, 민영 수공업은 사회 구조의 변화를 촉진했다. 장인들의 지위가 점차 향상되었고, 상인과의 결합을 통해 경제적 영향력을 확대했다. 이는 조선 후기 신분제 동요와 맞물려 사회적 이동의 가능성을 넓히는 결과를 낳았다.

넷째, 오늘날의 교훈은 분명하다. 국가의 직접 통제가 한계를 드러낼 때, 민간의 창의성과 자율성을 바탕으로 산업이 성장할 수 있다는 것이다. 또한 민영 수공업이 상업과 결합하며 상품 경제로 발전한 경험은, 현대 경제에서도 혁신과 시장 수요의 조화가 산업 성장의 핵심임을 일깨운다.

조선 후기 민영 수공업의 성장은 국가 주도의 관영 체제가 약화하는 가운데, 민간의 자율적 역동성이 산업 발전을 이끈 사례였다. 이는 한국 경제가 점차 시장 중심적 구조로 나아가는 중요한 변곡점이었다.

　오늘날 산업정책 또한 민간의 창의성과 시장 메커니즘을 존중하는 방향으로 설계되어야 한다. 조선 후기 민영 수공업의 경험은 국가와 민간의 균형이 경제 발전의 관건이라는 사실을 역사가 증명해 준다.

일제 강점기의 산업화와
식민지 구조

식민지 산업화의 성격과 의도

1910년 강제 병합 이후 조선의 산업화는 자주적 발전이 아닌 식민지 수탈 구조 속에서 전개되었다. 일제는 조선을 일본 본토의 산업 기반을 보완하는 부속 경제로 편입하고자 했다. 산업정책의 방향은 조선인의 생활 향상이나 민족경제 발전이 아닌, 일본 제국주의의 필요에 맞추어 설정되었다.

초기에는 주로 농업을 통한 곡물 수탈이 중심이었다. 그러나 1930년대 들어 일본의 전쟁 체제가 강화되면서, 조선은 군수 물자 생산 기지로 변모했다. 이 시기 조선에서 산업화가 촉진된 것은 사실이지만, 이는 자주적 경제 성장이 아니라 일본 전쟁 경제의 하위 구조 속에서 이루어진 것이었다.

따라서 조선의 산업화는 이중적 성격을 지녔다. 표면적으로는 철도·항만·전력 등 사회간접자본이 확충되고, 근대적 공장이 세워지는 성과가 있었다. 그러나 그 본질은 일본의 식민지 지배 강화를 위한 도구였으며, 조선인 대다수는 경제적 이익에서 소외되었다.

산업화 과정과 구조적 불평등

일제 강점기 산업화는 여러 분야에서 전개되었지만, 구조적으로 불평등한 식민지 산업구조를 낳았다.

첫째, 중화학 공업과 군수 산업이다. 일본은 만주와 태평양 전쟁 수행을 위해 조선에 군수 산업 기지를 건설했다. 함경남도 흥남에는 비료·화학 공장이 세워졌고, 포항과 인천에는 제철 및 기계 공장이 들어섰다. 그러나 이들 산업의 소유권과 경영권은 대부분 일본 자본에 있었으며, 생산물 역시 일본의 군수 체제로 흘러갔다.

둘째, 경공업의 확산과 한계다. 면방직·제사·식품 가공 등 경공업도 성장했으나, 이는 일본 내수와 군수 보급을 위한 보조적 역할에 불과했다. 조선인 노동자들은 낮은 임금과 열악한 노동 환경 속에 혹사당했으며, 기술 습득과 승진의 기회도 제한되었다.

셋째, 토목·전력 인프라의 확충이다. 한반도 전역에 철도가 건설되고 수력 발전소가 세워졌으며, 항만 시설이 정비되었다. 그러나 이러한 인프라는 조선인의 생활 향상을 위한 것이 아니라, 일본의 수탈과 군사적 필요를 충족하기 위한 것이었다. 조선인 농민과 노동자는 인프라 확충으로 얻는 편익보다 강제 동원과 토지 수탈로 인한 고통이 더 컸다.

넷째, 민족 간 격차다. 산업화가 진행되었음에도, 일본인과 조선인간 임금과 생활 수준의 격차는 극심했다. 일본인 자본가와 관리층은 산업화의 성과를 독점했지만, 조선인은 값싼 노동력으로 전락했다. 이 구조적 불평등은 식민지 산업화의 본질을 잘 보여준다.

역사적 평가와 교훈

일제 강점기의 산업화는 오늘날에도 평가가 엇갈린다. 일부는 철도·항만·전력 등 인프라 구축과 공업 기반을 근대화의 성과로 보기도 한다. 그러나 다수의 역사학자는 그것이 식민지적 강제 산업화였음을 강조한다.

첫째, 조선에서의 산업화는 자주적 동력이 아닌 외부 강제의 산물이었다. 이는 해방 이후 한국 경제가 자율적 산업 기반을 구축하는 데 오히려 큰 걸림돌이 되었다.

둘째, 식민지 산업구조는 종속적 경제 체제를 남겼다. 일본의 전쟁 경제에 편입된 경험은 해방 이후에도 산업구조 왜곡과 불균형 발전의 원인으로 작용했다.

셋째, 노동 착취와 사회 불평등은 경제 민주화 과제의 뿌리가 되었다. 열악한 노동 환경 속에서 강제 동원된 경험은 이후 한국 사회에서 노동권 보장과 경제정의를 요구하는 중요한 역사적 자산이 되었다.

넷째, 오늘의 교훈은 분명하다. 산업화의 성과는 단순한 물적 기반이 아니라, 누가 그 성과를 누리는가에 달려 있다. 국가 주도의 산업화라 할지라도 국민 다수가 소외된다면, 그것은 진정한 발전이 될 수 없다.

일제 강점기의 산업화는 한국 경제에 근대적 외형을 남겼지만, 본질에서는 식민지 수탈 구조 속에서 이루어진 왜곡된 산업화였다. 그 과정에서 발생한 불평등과 종속 구조는 해방 이후 한국 경제가 극복해야 할 과제로 남았다.

오늘날 한국은 산업화의 성과를 국민이 모두 공유하는 포용적 성장으로 연결해야 한다. 역사는 강제 산업화의 교훈을 통해, 경제 발전의 방향이 국민의 삶과 권익에 기여해야 함을 끊임없이 경고하고 있다.

해방 이후 수출지향 산업화

전후 경제 재건과 수출 전략의 모색

1945년 해방 직후 한국 경제는 일제 식민지 지배와 한국전쟁을 거치며 폐허 상태에 가까웠다. 산업 기반은 피폐했고, 식량조차 자급하기 어려운 상황이었다. 초기에는 미국 원조에 의존해 생존을 이어갔으며, 내수 중심의 경제 구조에서는 성장을 기대하기 어려웠다.

이러한 배경 속에서 1960년대 들어 박정희 정부는 수출 지향적 산업화 전략을 본격 추진했다. 이는 내수시장이 좁은 한국에서 성장 동력을 얻기 위해 필연적인 선택이었다. "수출만이 살길이다"라는 구호 아래, 국가 경제 발전 전략은 내수 중심에서 해외 시장 개척으로 방향을 전환했다.

수출지향 전략은 단순히 외화를 벌기 위한 정책을 넘어, 산업화를 촉진하는 핵심 수단이 되었다. 수출 확대가 곧 공업화, 고용 창출, 기술 축적과 연결되며 국가 경제의 도약을 이끌었다.

수출지향 산업화의 추진과 성과

한국의 수출지향 산업화는 여러 측면에서 체계적으로 전개되었다.

첫째, 정부 주도의 강력한 지원 체제였다. 정부는 수출 기업에 세제 혜택, 금융지원, 외환 우대 정책을 집중적으로 제공했다. 무역 진흥공사(KOTRA) 설립, 수출진흥회의 개최 등 국가 차원의 수출 드라이브가 이어졌다.

둘째, 노동집약적 경공업의 성장이다. 초기에는 섬유, 의류, 신발, 완구 등 값싼 노동력을 활용할 수 있는 산업이 중심이 되었다. 한국의 낮은 임금 구조는 세계 시장에서 경쟁력을 확보하게 했다.

셋째, 수출 실적 중심의 경제 운영이다. 수출액은 곧 국가 성장의 지표가 되었으며, 정부는 수출 목표 달성을 위해 관료와 기업을 총동원했다. "수출 1억 달러 달성", "100억 달러 수출 달성"과 같은 국가적 목표는 국민적 성취감과 애국심을 자극했다.

넷째, 수출 산업단지 조성이다. 구로공단, 마산수출자유지역 등 수출 전용 산업단지가 건설되며 생산·수출 체계가 집약적으로 운영되었다. 이는 한국형 산업 클러스터의 효시였다.

이러한 노력의 결과, 한국은 1964년 1억 달러였던 수출액이 1977년에는 100억 달러를 돌파하는 기적적인 성과를 거두었다. 이 시기는 한국 경제사에서 '수출입국(輸出立國)'의 시대라 불릴 만했다.

구조적 한계와 역사적 교훈

수출지향 산업화는 한국 경제 도약의 토대가 되었지만, 동시에 여러 한계와 과제를 남겼다.

첫째, 산업구조의 편중이다. 노동집약적 경공업 중심의 수출 구조는 국제 경쟁 환경 변화에 취약했다. 임금 상승이나 기술 발전이 더딜 경우 경쟁력이 쉽게 약화할 수 있었다.

둘째, 재벌 중심 성장이다. 정부의 수출 지원 정책은 대기업 중심으로 집행되었고, 이는 재벌의 성장을 가속했다. 반면 중소기업과 노동자들은 상대적으로 소외되었다.

셋째, 노동 착취 문제다. 수출 경쟁력을 위해 낮은 임금과 장시간 노동이 유지되었고, 이는 노동권 보장이라는 사회적 과제를 남겼다.

넷째, 외부 의존성이다. 수출 확대는 곧 국제 시장 상황과 선진국 수요에 종속되는 구조를 낳았다. 이는 이후 1970년대 석유 파동, 1997년 외환위기 등 대외 충격에 취약한 경제 체질로 이어졌다.

그러나 역사적으로 볼 때, 수출지향 산업화는 한국 경제 기적의 출발점이었다. 세계 최빈국 수준이던 한국이 단기간에 중진국 반열에 오를 수 있었던 배경에는 바로 이 전략이 있었다.

수출지향 전략은 초기 산업화에는 효과적이지만, 장기적으로는 산업 고도화와 내수 기반 강화가 뒤따라야 한다. 단순한 수출 확대를 넘어, 질적 성장과 균형발전으로 나아가야 한다는 것이다.

해방 이후 한국이 선택한 수출지향 산업화는 국가 생존을 건 전략이었고, 기적적인 경제 성장을 이끌었다. 그러나 동시에 편중 구조와 사회적 불평등, 대외 의존성이라는 과제도 남겼다.

오늘날 한국은 이 경험을 바탕으로 수출 경쟁력과 내수 기반, 산업 고도화와 사회적 포용을 함께 고려해야 한다. 역사 속 수출지향 산업화는 여전히 현재와 미래를 비추는 거울이다.

중화학 공업화와 재벌 체제

중화학 공업화 추진의 배경과 전략

1970년대 한국 경제는 노동집약적 경공업 중심의 수출 구조에서 벗어나 중화학 공업화를 본격적으로 추진했다. 박정희 정부는 '경제 개발 3·4차 5개년 계획'을 통해 철강·조선·석유화학·기계·전자 등 중화학 산업을 집중적으로 육성했다.

배경에는 두 가지 요인이 있었다. 첫째, 안보적 필요성이다. 베트남전과 냉전 구도 속에서 국방 자립을 위해서는 자체 군수 산업 기반이 절실했다. 둘째, 경제적 도약이다. 값싼 노동력을 기반으로 한 경공업 수출은 이미 한계에 다다르고 있었고, 부가가치가 높은 중화학 산업을 육성해야 선진국 반열에 오를 수 있었다.

정부는 '중화학 공업화 선언(1973)'을 기점으로 막대한 재정과 금융을 투입했다. 포항제철(현 포스코), 현대조선소, 울산 석유화학 단지, 구미 전자 단지 등이 이 시기에 들어섰다. 이들은 한국 산업화의 상징적 성과로 자리 잡았다.

재벌 중심 성장과 구조적 모순

중화학 공업화는 한국 경제의 구조를 한 단계 끌어올렸지만, 동시에 재벌 중심의 성장 체제를 고착화시켰다.

첫째, 정부-재벌 밀착 구조다. 정부는 막대한 자금과 특혜를 재벌 기업에 집중하여 지원했고, 재벌은 이를 발판으로 급성장했다. 삼성·현대·LG·SK 등 주요 재벌 그룹은 이 시기 중화학 산업 진출을 통해 한국 경제의 중심 세력으로 부상했다.

둘째, 중소기업 소외다. 대기업 위주의 지원은 중소기업의 성장 기반을 약화했다. 재벌은 하청 구조를 통해 중소기업을 종속시켰고, 산업구조는 불균형하게 발전했다.

셋째, 과잉 투자와 부채 누적이다. 정부의 목표 달성을 위한 무리한 투자와 차입은 금융 부실을 일으켰다. 특히 1980년대 초반 세계 경기 침체와 2차 오일쇼크는 중화학 산업의 과잉설비 문제를 드러냈다.

넷째, 재벌 체제의 사회적 비용이다. 경제력 집중과 독점적 시장 지배는 불공정 거래와 부의 편중을 심화시켰다. 이는 오늘날까지 이어지는 한국 경제 구조적 문제의 뿌리가 되었다.

역사적 의의와 교훈

중화학 공업화와 재벌 체제 형성은 한국 경제사에서 빛과 그림자를 동시에 남겼다.

한편으로, 국가 도약의 발판이었다. 철강·조선·자동차·전자 등 한국의 주력 산업은 이 시기 태동했으며, 이후 한국이 세계적 산업 강국으로 부상하는 토대가 되었다. 이는 '한강의 기적'을 가능케 한 결정적 계기였다.

다른 한편으로, 구조적 불균형의 고착이었다. 재벌 중심 성장, 중소기업 소외, 사회적 불평등은 한국 경제의 지속적 문제로 남았다. 경제 성장의 성과가 국민 전체로 고르게 확산하지 못한 점은 뼈아픈 한계였다.

오늘날의 교훈은 명확하다. 첫째, 산업 고도화는 필요하지만, 그 과정에서 경제력 집중을 방지하고 균형 성장을 도모해야 한다. 둘째, 정부-기업 관계는 투명성과 견제 장치를 갖추어야 하며, 정책의 성과와 부작용을 함께 관리해야 한다. 셋째, 포용적 성장과 혁신적 중소기업 생태계의 구축이 장기적 경제 안정에 필수적이다.

중화학 공업화와 재벌 체제는 한국 경제 발전사의 상징적 장면이다. 이는 산업화의 성과와 동시에 구조적 과제를 함께 남겼다. 한국 경제가 다음 단계로 도약하기 위해서는 당시의 경험을 반추하며, 산업 고도화와 균형발전, 재벌 개혁과 혁신 생태계 조성을 병행해야 한다.

오늘날 반도체·바이오·신재생에너지 산업의 육성 과정에서노, 우리는 1970년대 중화학 공업화의 교훈을 다시 떠올릴 필요가 있다. 성장의 길은 선택과 집중 속에서 공정과 균형을 잃지 않는 것임을 역사는 말해주고 있다.

벤처산업과 IT 강국의 부상

벤처 붐과 신산업의 태동

　1990년대 후반 한국 사회에는 벤처기업 붐이 일었다. 정보통신기술(IT)의 발전과 인터넷 확산, 정부의 창업 지원 정책이 맞물리면서 수많은 벤처기업이 등장했다. 1997년 외환위기 이후 대기업 의존 구조가 흔들리자, 새로운 성장 동력으로서 벤처산업이 주목받았다.

　정부는 1998년 '벤처기업 육성 특별조치법'을 제정하고, 창업투자회사 제도, 코스닥 시장 활성화, 세제 혜택 등 다양한 지원책을 마련했다. 이 과정에서 한국은 창업 친화적 환경을 단기간에 구축했다. 인터넷 포털, 온라인 게임, 소프트웨어, 전자상거래 등 신산업이 급성장하며 벤처 붐을 이끌었다.

　특히 네이버, 다음, 엔씨소프트, 한글과컴퓨터 등은 이 시기에 성장해 한국 IT 산업의 기틀을 닦았다. 벤처산업은 단순히 신생 기업의 등장을 넘어, 한국 경제에 혁신과 도전 정신을 불어넣은 새로운 바람이었다.

IT 산업 성장과 세계적 도약

 벤처 붐과 함께 한국은 본격적으로 IT 강국으로 도약했다.

 첫째, 인터넷 인프라 확충이다. 정부와 민간의 적극적 투자로 초고속 인터넷망이 전국에 깔렸고, 이는 세계 최고 수준의 보급률로 이어졌다. 정보 접근성이 대중화되면서 IT 서비스 산업이 급속히 성장했다.

 둘째, 휴대전화와 이동통신 산업의 발전이다. 2G, 3G 이동통신 기술을 빠르게 도입하고 확산시킨 한국은 세계 시장에서도 경쟁력을 확보했다. 삼성전자와 LG전자는 이 시기 휴대전화 세계 시장에서 두각을 나타내기 시작했다.

 셋째, 소프트웨어·콘텐츠 산업의 성장이다. 온라인 게임은 한국을 대표하는 수출 산업으로 부상했으며, 인터넷 포털과 검색 서비스는 생활의 필수 인프라가 되었다. 이는 단순한 하드웨어 중심의 산업에서 소프트웨어와 콘텐츠로 확장되는 전환점이었다.

 넷째, 글로벌 시장 진출이다. 한국 IT 기업들은 해외 시장에서 빠르게 입지를 넓혔다. 휴대전화, 반도체, 디스플레이, 인터넷 서비스는 한국을 'IT 강국'으로 부각했다. 특히 반도체 산업은 한국 수출의 핵심축으로 자리 잡으며 국가 경제를 뒷받침했다.

벤처·IT 성장의 한계와 교훈

 벤처산업과 IT 강국의 부상은 한국 경제의 혁신적 도약을 가능케 했지만, 동시에 여러 한계와 과제를 남겼다.

첫째, 벤처 버블 붕괴다. 2000년대 초 닷컴 버블이 붕괴하면서 다수의 벤처기업이 도산했다. 이는 벤처 생태계의 취약성과 투기적 자본 의존의 위험을 드러냈다.

둘째, 대기업 집중과 양극화다. IT 산업의 성과는 주로 대기업에 집중되었고, 중소 벤처기업은 대기업 의존 구조에 편입되었다. 이는 혁신의 다양성과 생태계의 지속성을 저해했다.

셋째, 고용 창출의 한계다. IT 산업은 높은 부가가치를 창출했지만, 제조업에 비해 고용 흡수력이 낮았다. 이는 청년 실업 문제와 맞물려 사회적 갈등 요인이 되었다.

넷째, 디지털 격차 문제다. 정보 접근성이 확대되었음에도, 세대·지역·계층 간 디지털 활용 능력의 차이는 여전히 심각한 문제로 남았다.

그러나 전체적으로 볼 때, 벤처산업과 IT 강국의 부상은 한국 경제가 지식 기반 사회로 전환하는 데 결정적 기여를 했다. 혁신과 창의성이 성장의 동력이 될 수 있음을 입증한 사례였다.

벤처산업과 IT 강국의 부상은 한국 경제가 농업·제조업 중심 단계를 넘어 지식·정보 산업 중심의 새로운 시대로 나아가는 전환점이었다. 이는 한국 경제가 세계와 어깨를 나란히 할 수 있는 동력을 제공했다.

오늘날 우리는 이 경험에서 혁신 생태계의 지속성, 중소·스타트업과 대기업의 균형발전, 사회적 포용성 강화라는 시사점을 발견할 수 있다. 벤처 붐이 일시적 현상에 그치지 않고, 장기적으로 국가 경쟁력을 높이는 구조로 발전하기 위해서는 제도적 뒷받침과 사회적 합의가 필요하다.

노동과 민중 경제

- 땀의 가치, 경제의 뿌리

노동은 경제의 시작이자 끝이다. 고려의 농노, 조선의 노비, 식민지의 강제징용, 산업화 시대의 공장 노동, 21세기의 플랫폼 노동까지—노동의 형태는 달라도 그 본질은 인간의 존엄과 생존이었다.

동학농민운동, 1970년대 노동운동, 그리고 민주화 이후의 노사협력은 노동이 단순한 생산요소가 아닌 사회 정의의 축임을 보여준다. 노동의 역사는 곧 국민 경제의 진화사이며, 노동 없는 성장은 허상이다.

'한국사 경제학'은 땀의 기억을 복원한다. 노동의 가치는 경제의 가장 오래된 윤리다.

농노와 노비 제도의 경제적 성격

농노와 노비 제도의 형성 배경

한국 역사에서 농노와 노비는 단순한 신분 집단이 아니라, 경제 구조를 지탱한 핵심 노동력이었다. 삼국시대부터 전근대 사회에 이르기까지 지배층은 농업 생산력을 유지하고 잉여를 확보하기 위해 인적 자원을 통제했다.

고려는 농업 국가로서 대규모 노동력이 필요했고, 이 과정에서 노비 제도가 제도화되었다. 노비는 사노비와 공노비로 구분되었으며, 사유 재산으로서 매매·상속이 가능했다. 조선에 이르러서는 성리학적 질서 속에서 노비 제도가 사회 구조의 일부로 굳어졌다.

유럽의 농노제와 달리, 한국의 노비는 법적으로 인격적 자유를 제약당한 신분이었다. 다만 노비라 해도 토지를 경작하며 일정한 생산물을 소출로 바치고, 나머지는 자급하는 구조가 많았다. 이는 곧 경제적으로 노비가 단순 피지배층이 아닌 생산 주체였음을 의미한다.

경제 운영에서의 기능과 모순

　노비 제도는 단순히 사회 질서를 유지하는 장치가 아니라, 경제 운영의 근간으로 작동했다.

　첫째, 지배층의 경제 기반 확보다. 토지를 소유한 양반과 국가 기관은 노비를 통해 안정적으로 생산물을 확보했다. 노비 노동은 곧 조세·공납·군역으로 이어지는 국가 재정의 기초였다.

　둘째, 생산력과 효율성의 문제다. 노비는 강제로 노동에 종사했기 때문에 생산 의욕이 낮았다. 이는 생산성 저하로 이어졌고, 경제 체제 전반의 활력을 떨어뜨렸다. 자율적 경작을 하는 농민보다 성과가 낮았음은 당연했다.

　셋째, 이중적 성격이다. 노비는 법적으로는 재산 취급을 받았으나, 실제로는 농업·수공업·가사 노동 등 다양한 분야에서 핵심적 역할을 했다. 일부 노비는 기술을 익혀 장인·상업 활동에 종사하기도 했고, 일정 소득을 축적해 신분 해방을 이루는 사례도 있었다. 이는 노비 제도가 단순한 억압 체제가 아니라, 경제적 유연성을 내포했음을 보여준다.

　넷째, 노비 수의 증감과 경제 상황이다. 전쟁, 흉년, 세금 부담 증가는 농민을 몰락시켜 노비화하는 경향을 강화했다. 반대로 국가가 재정 기반을 확대하거나 농업 생산력이 향상될 때는 노비 해방이 늘어나기도 했다.

역사적 의의와 교훈

노비 제도는 한국 경제사에서 이중적 유산을 남겼다.

한편으로는, 국가 재정과 지배층의 경제를 떠받친 불가결한 노동 체제였다. 노비의 존재는 조세 체계를 안정시키고, 왕조 체제를 지탱하는 역할을 했다.

다른 한편으로는, 경제 발전을 제약한 구조적 모순이었다. 강제 노동 체제는 생산성 향상을 가로막고, 사회적 불평등을 고착했다. 이는 근대 이전 한국 경제가 자율적 시장 경제로 전환하는 데 큰 장애 요인이 되었다.

역사적 교훈은 분명하다. 첫째, 노동의 자유와 생산성은 직결된다는 점이다. 자율성과 권리를 보장받는 노동일수록 효율성이 높아진다. 둘째, 불평등 구조는 장기적으로 국가 발전을 제약한다는 점이다. 지배층의 이익을 위한 강제 노동은 단기적 안정은 보장하지만, 사회 전체의 역동성을 죽인다. 셋째, 노동의 사회적 가치 존중이야말로 지속 가능한 경제 발전의 기초임을 역사 속에서 확인할 수 있다.

농노와 노비 제도는 단순한 신분 질서가 아니라, 전근대 한국 경제의 핵심 운영 체제였다. 그러나 그 체제는 생산성 저하와 불평등 고착이라는 모순을 안고 있었고, 결국 근대 사회로 넘어가는 과정에서 해체될 수밖에 없었다.

오늘날 우리는 이 경험을 통해, 노동의 자유와 권익 보장이 경제 발전의 핵심임을 다시금 깨닫는다. 역사는 억압적 노동 체제는 국가를 지탱하는 동시에 몰락을 재촉한다는 사실을 보여준다.

고려 민란과 세금 저항

고려 조세 체제와 민중의 부담

고려는 전통적으로 토지세·공물·역(役)을 기본으로 하는 조세 체제를 유지했다. 전세는 토지 생산량에 따라, 공물은 지방 특산물 형태로, 역은 노동력 제공의 형태로 부과되었다. 그러나 시간이 지날수록 제도 운용의 문란이 심화하면서, 농민들의 부담은 감당하기 어려운 수준에 이르렀다.

특히 전시과 제도가 붕괴하고 권문세족이 토지를 겸병하면서, 국가의 세수 기반은 약화하고 농민의 세 부담은 과중해졌다. 세금을 거두어야 할 국가는 실질적으로 수취 능력을 상실했으나, 관리와 지배층은 사리사욕을 위해 임의로 세금을 늘려 거두었다.

결과적으로 농민은 이중적 수탈에 시달렸다. 국가의 공식 세금 외에도 지방 관리의 불법 징수, 권세가의 사적 수취까지 겹치면서 생존이 위협받았다. 이는 필연적으로 민중의 저항을 불러일으켰다.

민란과 저항의 전개

고려 시대의 민란은 단순한 폭동이 아니라, 과도한 세금과 수탈에 대한 조직적 저항이었다.

첫째, 농민 봉기다. 토지 겸병과 과도한 세금에 시달리던 농민들은 집단으로 봉기했다. 대표적인 사례가 12세기 말 전주와 해주 등지에서 일어난 민란이다. 이들은 관리의 횡포에 맞서 관청을 습격하고 세금 장부를 불태우며 저항했다.

둘째, 천민·노비의 참여다. 민란은 농민뿐 아니라, 사회적 최하층인 천민·노비까지 포함하는 경우가 많았다. 세금 부담과 신분적 억압이 결합하면서, 민란은 사회 구조 자체를 향한 저항의 성격을 띠게 되었다.

셋째, 몽골 침략기 저항이다. 13세기 몽골의 침략은 고려 사회를 극도로 피폐하게 만들었다. 조세 부담이 극심해지고, 민중은 이중 수탈에 시달렸다. 이 시기 각지에서 민란이 잇따라 발생하며, 민중은 단순히 세금 저항을 넘어 생존권을 위한 결사 항전에 나섰다.

넷째, 홍건적·왜구 침입기 민중의 고통이다. 외세 침입은 세금 부담을 더욱 가중했다. 국방비와 군량 확보 명목으로 과도한 세금이 부과되었고, 관리들의 부정이 겹치면서 민중의 저항은 더욱 격렬해졌다.

역사적 의미와 교훈

고려 민란과 세금 저항은 한국 경제사에서 민중의 정치·경제적 주체성을 드러낸 중요한 사건이다.

첫째, 민란은 단순한 혼란이 아니라, 지배층의 부패와 제도적 모순을 고발하는 집단적 행동이었다. 이는 국가 재정 운영이 민생을 떠받치지 못하면 사회적 정당성을 상실한다는 사실을 보여준다.

둘째, 세금 저항은 경제정의를 요구한 행동이었다. 불합리한 세금 구조와 불법 수탈에 맞선 민중의 저항은 사회 정의 회복을 향한 집단적 열망의 표현이었다.

셋째, 민란의 반복은 고려 체제 붕괴의 직접적 원인이 되었다. 민중의 불만을 누적시킨 세금 문제는 결국 고려 말 사회 혼란과 왕조 교체의 배경이 되었다.

넷째, 오늘날의 교훈은 분명하다. 재정 운영의 공정성과 투명성이 확보되지 않으면 민중의 저항은 불가피하다. 조세 제도가 사회적 신뢰 위에 세워질 때만이 국가 재정은 안정적으로 운영될 수 있다.

고려 민란과 세금 저항은 민중이 단순한 피지배자가 아니라, 경제적 불평등과 제도적 부패에 맞서 싸운 주체였음을 보여준다. 이는 오늘날 민주주의 사회에서 세금과 재정이 공정·투명·민생 중심이어야 한다는 원칙을 일깨운다.

역사는 분명히 말한다. 국가 재정은 민중의 삶을 지탱하는 수단이지, 지배층의 사익을 위한 도구가 되어서는 안 된다. 고려 민란의 교훈은 오늘날에도 여전히 유효하다.

임진왜란 이후 피폐한 농민 경제

전란의 충격과 농촌 파괴

1592년 임진왜란은 조선 사회 전반에 걸쳐 국가적 대재앙이었다. 전쟁은 단순히 군사적 피해를 넘어, 농촌 경제의 기반을 송두리째 흔들어 놓았다.

첫째, 토지 황폐화였다. 전란 동안 농토가 불태워지고 경작지가 방치되면서 농업 생산력이 급격히 하락했다. 많은 농민이 피란하거나 전쟁터에 징발되면서 농사를 지을 인력이 사라졌다.

둘째, 인구 손실이다. 전쟁으로 수많은 농민이 희생되었고, 가옥과 마을이 파괴되었다. 생존을 위해 유랑민이 속출하면서 농촌 공동체는 해체되었다.

셋째, 가축과 농기구의 상실이다. 전란 중에 말·소와 같은 가축이 대거 징발되거나 도난당했고, 농기구도 파괴되었다. 이는 농업 재건을 더욱 어렵게 했다.

넷째, 세금 징수 불능이다. 국가는 전쟁 수행을 위해 세수를 확보해야 했으나, 실질적으로 세금 부과와 징수는 거의 불가능했다. 농촌 경제는 국가 재정과 함께 붕괴의 길을 걸었다.

농민 경제의 피폐와 구조적 악순환

전란이 끝난 뒤에도 농민 경제는 쉽게 회복되지 못했다.

첫째, 재건 부담의 전가다. 국가는 전란 복구와 군비 확충을 위해 농민에게 과도한 세금을 부과했다. 황폐한 땅에서 간신히 생계를 이어가는 농민에게 세금 부담은 치명적이었다.

둘째, 토지 소유 구조의 왜곡이다. 전란으로 몰락한 농민의 토지는 권문세가나 양반 지주에게 흡수되었다. 소작농으로 전락한 농민은 지대 부담에 시달리며 자립 기반을 잃었다.

셋째, 사채와 빚의 악순환이다. 생계를 위해 고리대에 의존한 농민은 빚을 갚지 못해 토지를 잃거나 더 깊은 빈곤에 빠졌다. 이는 농민 경제를 구조적으로 종속시키는 요인으로 작용했다.

넷째, 환곡·군역 부담이다. 국가가 운영한 구휼제도마저 부패해, 환곡은 농민을 돕는 제도가 아니라 추가적인 착취 수단으로 변질되었다. 전란 이후 농민은 전쟁의 상처 위에 또 다른 구조적 수탈을 겪은 셈이었다.

이러한 악순환은 농민 경제를 회복 불가능한 수준으로 몰아넣었고, 조선 사회의 불평등과 모순을 심화시켰다.

역사적 의의와 교훈

임진왜란 이후 농민 경제의 피폐는 단순히 전쟁 피해가 아니라, 국가 체제의 한계와 구조적 모순을 드러낸 사건이었다.

첫째, 농민은 조선 경제의 근간이었으나, 전쟁 이후에도 보호받지 못했다. 오히려 국가와 지배층은 농민에게 재건 비용을 떠넘겼다. 이는 국가 정당성의 심각한 훼손을 초래했다.

둘째, 농민 경제의 피폐는 사회 불안의 원천이 되었다. 17세기 이후 빈발한 민란과 저항은 전란 피해와 구조적 수탈이 결합한 결과였다.

셋째, 경제적 회복의 지연은 국가 경쟁력 약화로 이어졌다. 농업 기반이 무너진 상태에서 국방력 강화나 상공업 발전은 기대하기 어려웠다. 이는 조선이 국제적 격변기에 능동적으로 대응하지 못한 배경이 되었다.

넷째, 오늘날의 교훈은 명확하다. 전쟁·재난 이후의 국가 재건은 민생 회복이 최우선이어야 한다는 점이다. 피해를 본 국민이 다시 일어설 수 있는 기반을 마련하지 못하면, 국가는 장기적으로 침체와 불안에 빠질 수밖에 없다.

임진왜란 이후 농민 경제의 피폐는 조선 사회가 안고 있던 구조적 문제를 적나라하게 드러냈다. 농민의 몰락은 단순한 개인의 불행이 아니라, 국가 재정과 사회 체제의 기반을 약화한 사건이었다.

오늘날 우리는 이 경험에서, 위기 이후 민생을 최우선으로 하는 성제 복구 정책이 얼마나 중요한지 배울 수 있다. 농민 경제의 몰락은 국가 몰락의 전조였으며, 민생 안정은 언제나 국가 존립의 조건임을 역사가 증명한다.

동학농민운동의 경제적 기반

농민을 짓누른 구조적 경제 위기

19세기 후반 조선 사회는 내우외환에 시달렸다. 정치적 부패와 외세의 압력도 문제였지만, 민중에게 가장 직접적인 고통은 경제적 수탈 구조였다.

첫째, 삼정의 문란이었다. 전정·군정·환곡으로 대표되는 세금 제도는 원래 백성을 보호하기 위한 장치였으나, 세도정치 아래에서 탐관오리의 착취 수단으로 변질되었다. 전세는 토지 생산량과 무관하게 과중하게 부과되었고, 군포는 돈 없는 농민에게 불법적으로 전가되었으며, 환곡은 빚의 올가미로 농민을 옥죄었다.

둘째, 지주-소작 관계의 악화였다. 농민이 자립 기반을 잃고 소작농으로 전락하면서, 수확의 상당 부분을 지주에게 바쳐야 했다. 지대는 점점 가중되었고, 농민 경제는 사실상 빈곤의 악순환 속에 빠졌다.

셋째, 외세 개입에 따른 경제 충격이었다. 개항 이후 일본 상인들이 농촌 경제에 침투하면서 쌀 유출이 심화했고, 물가 불안정과 생필품 부족이 농민의 생활을 더욱 어렵게 했다. 쌀은 해외로 빠져나가고, 농민의 식탁은 비어갔다.

　이러한 경제 위기는 민중에게 더는 감내할 수 없는 현실이었고, 결국 집단적 저항의 에너지로 응축되었다.

동학의 사상과 민중 경제의 결합

　동학농민운동은 단순한 종교적 반란이 아니었다. 그것은 경제적 고통 속에서 새로운 사상적 무기가 결합한 민중 혁명이었다.

　첫째, 동학의 평등사상이다. "사람이 곧 하늘이다"라는 인내천(人乃天) 사상은 신분·빈부의 차별을 넘어선 보편적 평등을 강조했다. 이는 경제적 착취와 사회적 불평등에 시달리던 농민에게 강력한 해방의 언어가 되었다.

　둘째, 자치와 공동체 정신이다. 동학은 단순히 종교적 위안에 머물지 않고, 교단 조직을 통해 공동체적 생활과 상호부조를 강조했다. 농민은 동학 교단을 기반으로 경제적 협동과 저항 조직을 형성할 수 있었다.

　셋째, 반봉건·반외세 경제 의식이다. 동학농민군은 탐관오리의 수탈에 맞서 세금 개혁을 요구했고, 일본 상인의 침탈에 맞서 국권 수호를 외쳤다. 경제적 억압과 외세 침탈을 동시에 거부하는 운동은 농민들에게 현실적 목표와 이상을 동시에 제시했다.

　이처럼 동학은 민중의 경제적 고통을 해방의 사상과 결합해, 경제적 저항을 정치적 혁명으로 전환했다.

역사적 의의와 오늘의 교훈

동학농민운동은 한국 경제사에서 민중이 주체적으로 개혁을 요구한 최초의 대규모 집단행동이었다.

첫째, 농민의 요구는 단순한 생존을 넘어서, 경제정의 실현을 지향했다. "탐관오리 몰아내고, 무명잡세 폐지"라는 구호는 세금 제도의 공정성과 경제 구조의 합리화를 요구한 것이었다.

둘째, 운동은 사회경제적 평등의 가치를 전면에 내세웠다. 동학의 평등사상은 근대 민주주의와 연결되며, 경제정의와 인권을 함께 추구한 실천적 사상으로 평가된다.

셋째, 동학농민운동은 실패로 끝났지만, 그 정신은 이후 항일운동과 근대 개혁운동의 초석이 되었다. 경제적 억압에 맞서 싸운 경험은 민족운동의 에너지로 승화되었다.

넷째, 오늘날의 교훈은 명백하다. 경제적 불평등이 누적될 때, 사회적 갈등은 폭발한다는 것이다. 사회적 안정과 국가 발전은 공정한 세금 제도, 투명한 재정 운영, 민생을 우선하는 정책에서 비롯된다.

동학농민운동은 경제적 절망 속에서 태어난 민중의 저항이자, 평등의 가치를 외친 사회 혁명이었다. 농민의 고통을 해소하지 못한 국가는 민란과 혁명으로 흔들릴 수밖에 없음을 역사가 증명한다.

오늘날 우리가 이 운동에서 얻을 교훈은 분명하다. 민생을 외면한 경제는 국가를 지탱할 수 없으며, 공정과 평등이야말로 지속 가능한 사회의 토대라는 사실이다. 동학농민군의 함성은 여전히 현재를 향해 울리고 있다.

식민지 노동 착취와 강제징용

식민지 경제 구조와 노동 수탈의 시작

1910년 국권피탈 이후, 조선은 일본 제국주의 경제 체제에 강제로 편입되었다. 일본은 식민지를 원료 공급지이자 값싼 노동력의 보고로 규정하고, 철저히 수탈적 방식으로 경제를 운영했다.

첫째, 토지조사사업과 농민 몰락이다. 1910년대 토지조사사업은 겉으로는 근대적 토지제도를 확립한다는 명분을 내세웠지만, 실제로는 조선 농민의 토지를 대규모로 수탈해 일본인 지주와 식민 권력의 소유로 귀속시켰다. 이 과정에서 농민은 소작농으로 전락하거나 도시 노동자로 유입될 수밖에 없었다.

둘째, 산업화와 노동력 수요다. 1930년대 들어 일본이 전쟁 체제에 돌입하면서 조선에도 군수 산업과 대규모 토목 사업이 집중되었다. 조선인은 저임금·고강도의 노동력으로 동원되었으며, 일자리 선택의 자유는 거의 보장되지 않았다.

셋째, 차별적 임금 구조다. 일본인 노동자와 조선인 노동자 간에는 명백한 차별이 존재했다. 같은 일을 해도 임금은 절반 이하였고, 작업 환경과 복지에서도 극심한 격차가 있었다. 노동 착취는 제도화된 차별 위에 놓여 있었다.

강제징용과 전시 동원의 비극

1937년 중일전쟁 이후, 일본은 전쟁 수행을 위해 조선인의 강제 동원 정책을 본격화했다. 이는 노동력 착취가 구조적·제도적 폭압으로 전환된 과정이었다.

첫째, 강제징용 제도화다. 1938년 국가총동원법 시행으로 조선인은 법적으로 강제로 징용될 수 있었다. 산업 현장, 광산, 군수 공장 등으로 끌려갔고, 일본 본토와 만주, 사할린, 남양군도까지 노동력이 동원되었다.

둘째, 비인간적 노동 조건이다. 강제징용 노동자들은 최소한의 임금조차 받지 못하거나, 임금의 상당 부분이 '공제금' 명목으로 체납되었다. 작업장은 열악했고, 영양 부족과 사고로 목숨을 잃는 경우가 비일비재했다.

셋째, 인권 유린과 사회 붕괴다. 강제징용은 가족 해체와 공동체 붕괴를 낳았다. 청년 남성의 대규모 이탈은 농촌 경제를 더 황폐화했고, 남은 가족들은 생활 기반을 상실했다. 특히 사할린과 같은 해외 징용지로 끌려간 조선인들은 전쟁 이후에도 귀환하지 못하는 비극을 겪었다.

넷째, 여성 노동 동원과 위안부 문제다. 강제징용은 남성 노동력에 국한되지 않았다. 여성들 또한 군수 공장이나 각종 봉사 노동에 강제로 투입되었으며, 일부는 일본군 위안부라는 극단적 인권 유린의 피해자가 되었다.

역사적 의미와 교훈

식민지 노동 착취와 강제징용은 단순한 경제 현상이 아니라, 제국주의 지배가 낳은 구조적 폭력이었다.

첫째, 이는 식민지 경제의 불평등 구조를 극명하게 드러냈다. 일본은 자국의 산업 발전을 위해 조선의 인적·물적 자원을 동원했으며, 그 결과 조선 사회는 장기적인 경제적 불균형과 상처를 안게 되었다.

둘째, 강제징용은 한국 사회의 노동운동·민족운동 형성에 중요한 배경이 되었다. 억압과 착취의 경험은 해방 이후 노동자들의 권리 의식과 민주화 요구로 이어졌다.

셋째, 피해자 문제는 아직도 미해결 과제로 남아 있다. 강제징용 피해자들의 보상 문제와 역사적 기억은 한일 관계의 중요한 쟁점으로 이어지고 있다. 이는 과거 청산과 정의 실현이 단순한 과거 문제가 아니라, 현재와 미래를 위한 조건임을 보여준다.

넷째, 오늘날의 교훈은 분명하다. 노동의 존엄과 권리 보장은 결코 양보할 수 없는 사회적 가치라는 것이다. 노동을 수탈의 대상으로 삼는 사회는 결국 역사적 심판을 피할 수 없다.

식민지 시기의 노동 착취와 강제징용은 한국 근현대사에서 가장 뼈아픈 기억 가운데 하나다. 이는 단순한 경제적 피해가 아니라, 인간의 존엄을 짓밟은 구조적 폭력이었다.

　오늘날 한국 사회가 기억해야 할 것은, 억압 속에서도 생존을 모색했던 노동자의 목소리와 저항이다. 또한, 노동을 존중하는 사회야말로 정의롭고 지속 가능한 국가로 나아가는 길임을 잊지 말아야 한다.

산업화 시대 농촌 인구 이동

산업화와 농촌의 인구 유출

1960~70년대 한국의 산업화 과정은 농촌 사회에 거대한 인구 이동을 불러왔다.

첫째, 도시 공업화의 인력 수요다. 박정희 정부의 경제개발 5개년 계획에 따라 서울·부산·인천 등지에 산업단지가 조성되면서, 대규모 노동력이 필요해졌다. 농촌의 청년층은 공장에서 일자리를 찾아 도시로 향했다.

둘째, 농업 생산성의 상대적 정체다. 기계화와 화학비료의 도입이 시작되었으나, 초기 단계에서는 농업 소득이 산업 노동 소득을 따라가지 못했다. "땀 흘려 농사짓는 것보다 공장에서 일하는 것이 낫다"라는 인식이 농촌을 떠나는 주된 요인이었다.

셋째, 교육과 문화 요인이다. 도시로 진학한 청년들이 농촌에 정착하지 않고, 도시에서 취업·결혼하며 정착하는 경우가 많았다. 이는 농촌 공동체의 고령화와 인구 공동화를 심화시켰다.

이러한 흐름 속에서 농촌은 청년층이 빠져나가고, 도시는 급격히 팽창하는 인구 이동의 불균형 구조가 고착되었다.

농촌 경제와 사회 구조의 변화

농촌 인구 유출은 단순한 인구 이동을 넘어, 농촌 경제와 사회 구조 자체를 바꾸어 놓았다.

첫째, 노동력 부족이다. 농업의 주요 노동력이었던 청·장년층이 도시로 떠나면서, 농촌은 만성적인 노동력 부족에 시달렸다. 이를 메우기 위해 농촌 기계화가 촉진되었지만, 초기에는 기계 구입 비용이 농민에게 큰 부담이 되었다.

둘째, 여성·노인 중심 농업의 등장이다. 남성 청년층이 도시로 빠져나가면서 농촌 현장은 여성과 노인이 주도하는 '여성화된 농업'으로 전환되었다. 이는 생산성 저하와 함께 농촌의 사회적 활력을 약화했다.

셋째, 농촌 경제의 이중구조화다. 일부 농가는 도시에서 송금받는 돈으로 생활을 이어갔지만, 자립 기반을 잃은 농민은 소작농이나 임시노동으로 생계를 유지해야 했다. 이에 따라 농촌 내부의 빈부 격차도 확대되었다.

넷째, 도시-농촌 격차 확대다. 도시의 생활 수준이 눈에 띄게 개선되는 동안 농촌은 상대적으로 낙후되어, 농민의 박탈감이 커졌다. 이 격차는 농촌 공동체의 붕괴와 이농(離農) 현상을 가속했다.

역사적 의의와 교훈

산업화 시대 농촌 인구 이동은 한국 경제 성장의 밝은 면과 어두운 면을 동시에 드러낸 사건이었다.

첫째, 도시로 유입된 농촌 인구는 산업화의 노동력 기반을 제공했다. 값싼 노동력이 있었기에 한국의 수출지향 공업화는 빠르게 추진될 수 있었다.

둘째, 그러나 농촌의 인구 유출은 농업 기반 약화라는 대가를 남겼다. 식량 자급 문제, 농촌 고령화, 농업 경쟁력 저하 등은 이후 지속해서 해결해야 할 과제가 되었다.

셋째, 인구 이동은 사회적 불평등의 새로운 형태를 낳았다. 도시-농촌 간 생활 격차, 교육·문화 자원의 집중은 한국 사회의 구조적 불균형을 심화시켰다.

넷째, 오늘날의 교훈은 분명하다. 균형발전 없는 산업화는 지속 불가능하다는 것이다. 산업화 과정에서 농촌을 배제한 대가가 이후 사회적 비용으로 돌아왔듯, 현재와 미래의 성장도 농촌·지방과 함께 가야만 지속성을 확보할 수 있다.

산업화 시대 농촌 인구 이동은 한국 경제 발전의 필수 조건이자, 동시에 깊은 상처를 남긴 과정이었다. 청년 노동력의 도시 유출은 산업화의 토대를 마련했지만, 농촌을 황폐화하며 사회적 균형을 무너뜨렸다.

오늘날 우리는 이 경험에서, 경제 성장과 지역 균형발전을 함께 추구해야 한다는 교훈을 얻는다. 농촌의 공동화와 인구 불균형 문제는 단지 과거의 문제가 아니라, 여전히 현재 한국 사회가 안고 있는 과제다.

민주화 시대 노동운동과
경제 민주화

산업화 이후 누적된 노동 현실

1970~80년대 한국의 고도성장은 세계가 주목한 '한강의 기적'을 이끌었지만, 그 이면에는 값싼 노동력과 열악한 노동 조건이 자리 잡고 있었다.

첫째, 저임금·장시간 노동이다. 경제개발 5개년 계획이 본격화되면서 수출지향 산업이 성장했지만, 노동자들은 저임금에 시달렸다. 하루 12시간 이상, 주 6일 이상의 장시간 노동은 일상이었다.

둘째, 노동 3권의 제약이다. 군사정권은 경제 성장을 위해 노동운동을 억압했다. 파업은 불법으로 간주되었고, 노동조합은 정부와 기업의 영향 아래 운영되는 경우가 많았다. 노동자의 권익을 지킬 제도적 장치는 거의 부재했다.

셋째, 산업재해와 안전 문제다. 성과 중심의 급속한 산업화 속에서 안전 장비와 복지는 뒷전으로 밀렸다. 1970년 전태일 분신 사건은 당시 노동 현실의 비극을 압축적으로 보여준 사건이었다.

이러한 억눌린 현실은 민주화 요구와 결합하면서, 노동운동의 폭발적 성장으로 이어졌다.

민주화와 노동운동의 확산

1987년 6월 항쟁은 정치 민주화의 전환점이 되었고, 동시에 노동운동의 새로운 출발점이 되었다.

첫째, 노동자 대투쟁이다. 6월 항쟁 직후 전국적으로 3천여 건의 파업이 발생하며 '노동자 대투쟁'으로 불린 대규모 운동이 전개되었다. 노동자들은 임금 인상, 단체 교섭권 보장, 작업 환경 개선을 요구했다. 이는 억눌려 있던 노동 현실이 민주화의 바람을 타고 분출된 사건이었다.

둘째, 노동조합의 활성화다. 독립적이고 민주적인 노동조합이 곳곳에서 결성되었다. 기업별 노조를 넘어 산업별·연대형 노조의 움직임이 나타났고, 노동운동은 더 이상 주변적 현상이 아니라 사회 변화를 이끄는 핵심축으로 부상했다.

셋째, 경제 민주화 담론의 확산이다. 헌법 개정(1987년)으로 경제 민주화 원칙이 명시되면서, 노동자의 권익 보호와 사회적 약자의 경제 참여를 보장해야 한다는 요구가 제도적 기반을 얻었다. 경제 성장의 성과가 공정하게 분배되어야 한다는 인식이 확산한 것이다.

넷째, 정치와 노동의 결합이다. 민주노동당 등 노동자 출신 정치세력이 등장하며, 노동문제는 더 이상 경제 현장에만 머물지 않고, 정치와 제도의 장으로 확장되었다.

역사적 의의와 오늘의 교훈

민주화 시대 노동운동과 경제 민주화는 한국 사회에 노동권 보장과 공정한 경제 질서라는 새로운 지평을 열었다.

첫째, 이는 노동의 주체성 회복이었다. 산업화 초기 '개발을 위한 희생양'으로 취급되던 노동자가 이제는 사회의 당당한 주체로 자리매김했다. 노동권은 민주주의의 중요한 구성 요소로 인식되었다.

둘째, 경제 성장의 과실 분배라는 과제를 제기했다. 노동운동은 임금 인상뿐 아니라, 복지 확대·사회 안전망 구축 등 광범위한 사회경제적 변화를 요구했다. 이는 한국 사회가 단순한 성장 중심에서 포용적 성장으로 전환하는 출발점이었다.

셋째, 노동운동은 한계도 드러냈다. 정치세력화 과정에서 분열이 있었고, 일부 과격한 투쟁은 사회적 반감을 불러일으켰다. 그러나 큰 흐름 속에서 노동운동은 한국 사회의 민주주의와 경제정의를 심화시키는 동력이 되었다.

넷째, 오늘날의 교훈은 분명하다. 경제 민주화 없이는 정치 민주화도 완성될 수 없다는 것이다. 노동의 권익 보호, 공정한 분배 구조, 사회적 대화의 제도화는 여전히 현재진행형 과제다.

민주화 시대의 노동운동은 한국 사회가 '성장의 논리'만으로는 지속 가능한 발전을 이룰 수 없음을 보여주었다. 경제 민주화의 원칙은 단순한 경제정책이 아니라, 사회적 정의와 공동체적 연대를 위한 가치였다.

　오늘날 우리는 민주화 세대가 외쳤던 목소리를 다시 들어야 한다. 노동 없는 성장은 공허하고, 분배 없는 발전은 불안정하다. 민주화 시대 노동운동이 남긴 교훈은, 한국 사회가 앞으로도 지켜야 할 소중한 자산이다.

21세기 플랫폼 노동과 새로운 과제

플랫폼 경제의 부상과 노동의 변화

21세기 들어 디지털 기술과 인터넷의 확산은 경제 구조를 근본적으로 바꾸어 놓았다. 특히 플랫폼 경제의 성장은 노동 형태와 고용 구조에 큰 변화를 초래했다.

첫째, 플랫폼 기업의 등장이다. 우버, 배달의민족, 쿠팡, 에어비앤비 등 온라인 기반의 플랫폼 기업은 생산과 유통의 방식을 혁신했다. 이들은 디지털 네트워크를 통해 공급자와 수요자를 연결하고, 전통적 고용 관계와는 다른 방식으로 노동을 조직했다.

둘째, 플랫폼 노동자의 확산이다. 배달 기사, 대리운전 기사, 프리랜서 IT 인력, 콘텐츠 크리에이터 등 다양한 직종에서 플랫폼 노동이 확산되었다. 이들은 정규직이 아니라 개인 사업자로 분류되는 경우가 많아, 안정적 고용과 사회적 보호에서 배제되는 문제가 발생했다.

셋째, 유연성과 불안정의 이중성이다. 플랫폼 노동은 시간과 장소의 제약이 적고, 노동자가 스스로 선택할 수 있다는 장점이 있다. 그러나 고용 안정성과 소득 보장은 취약하다. 플랫폼 기업은 노동자를

'파트너'라 부르지만, 사실상 노동력을 종속적으로 활용하는 경우가
많다.

플랫폼 노동의 사회·경제적 쟁점

플랫폼 노동이 확산되면서, 기존 노동 제도로는 해결하기 어려운
새로운 과제들이 등장했다.

첫째, 노동권 사각지대 문제다. 플랫폼 노동자는 법적으로 자영업
자에 가까운 지위에 놓이지만, 실제로는 기업의 알고리즘과 시스템
에 의존한다. 파업이나 단체 교섭 같은 노동 3권이 보장되지 않으며,
근로기준법 적용에서도 제외되는 경우가 많다.

둘째, 소득 불안정과 위험 전가다. 수입은 일감의 수요와 공급에
따라 불안정하게 변동하며, 산재·보험·퇴직금 등 사회보장 제도에서
도 보호받기 어렵다. 이는 플랫폼 노동자가 사회적 위험을 홀로 감당
해야 함을 의미한다.

셋째, 알고리즘 관리의 불투명성이다. 배차·평가·수수료 배분 등 플
랫폼 운영의 핵심은 알고리즘이 결정한다. 그러나 그 기준은 노농자
에게 공개되지 않아, 불공정하거나 차별적인 대우가 발생해도 문제
제기가 쉽지 않다.

넷째, 산업구조 전반의 변화다. 플랫폼 노동은 단순히 일부 직종의
문제가 아니라, 전통적 고용 체계를 흔들며 산업 전반에 새로운 규
범을 요구한다. 정규직-비정규직의 구분을 넘어, 노동의 개념 자체가

재정의되고 있다.

역사적 의미와 미래의 교훈

플랫폼 노동은 과거 농민 경제, 산업화 시대 노동운동의 역사와 연결된다. 노동의 형태는 달라졌지만, 본질적 과제는 여전히 노동의 권리와 사회적 보호다.

첫째, 플랫폼 노동의 확산은 노동권 보장의 새로운 시험대다. 임금·고용·안전이라는 전통적 노동문제와 더불어, 디지털 시대에는 데이터, 알고리즘, 플랫폼 권력이 새로운 쟁점으로 부상했다.

둘째, 이는 경제 민주화의 연장선이다. 산업화 시대 노동운동이 경제 민주화를 이끌었듯, 플랫폼 시대에도 노동의 공정성과 사회적 연대를 확보하는 장치가 필요하다.

셋째, 국제적 논의와 규범 형성이 중요하다. 유럽연합(EU)은 플랫폼 노동자를 노동자로 인정하고 권리를 보호하는 법안을 추진하고 있으며, 한국도 이에 발맞춘 제도적 대응을 모색해야 한다.

넷째, 오늘날 교훈은 분명하다. 기술 발전이 곧 노동의 진보를 의미하지는 않는다. 오히려 제도와 사회적 합의가 뒤따르지 않으면, 기술은 노동을 새로운 형태로 종속시킬 수 있다.

21세기 플랫폼 노동은 과거의 농민 저항, 산업화 시대 노동운동과 맥을 같이하는 새로운 노동문제다. 노동의 형태는 변했지만, 노동자의 권리와 생존을 보장해야 한다는 원칙은 변하지 않는다.

앞으로의 과제는 플랫폼 노동자를 제도권 안으로 포괄하는 것이다. 노동 없는 성장, 권리 없는 유연성은 지속 가능하지 않다. 플랫폼 노동의 역사적 의미는, 우리가 다시금 노동의 존엄을 중심에 세워야 함을 일깨운다.

제6부 노동과 민중 경제

제7부

위기와 개혁

- 무너짐이 남긴 제도의 유전자

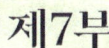

경제는 위기 속에서 진화한다. 몽골 침략, 임진왜란, 병자호란, 세도정치, 식민지 수탈, IMF 외환위기, 글로벌 금융위기, 팬데믹— 모든 위기는 새로운 질서를 낳았다.

『한국사 경제학』은 위기를 '경제의 재설계 실험실'로 본다. 위기는 파괴이자 학습의 기회였다. IMF 이후의 구조조정, 글로벌 위기 속의 기술 혁신, 팬데믹 이후의 디지털 전환— 모두 기억의 복원이다.

역사는 위기 이후에야 개혁을 허락한다. 한국 경제의 DNA는 바로 그 반복에서 진화했다.

몽골 침략과 고려 경제 충격

전란의 직격탄, 고려 경제의 붕괴

13세기 초부터 이어진 몽골 제국의 침략은 고려 사회에 전례 없는 파괴적 충격을 가했다. 1231년 첫 침입 이후 30여 년 동안 이어진 전란은 단순한 군사적 충돌을 넘어 경제 체제의 근간을 무너뜨리는 사건이었다.

첫째, 토지와 농업 기반의 파괴다. 몽골군의 초토화 전략으로 전국 각지의 농지가 불태워지고 마을이 소실되었다. 경작지가 방치되거나 파괴되면서 식량 생산은 급격히 줄어들었고, 대규모 기근이 발생했다.

둘째, 인구와 노동력 손실이다. 전쟁 과정에서 수많은 백성이 학살되거나 피란길에 올랐다. 노동력이 고갈되자 농업 생산은 회복 불가능한 상태에 빠졌다. 특히 청장년층의 손실은 사회 재건을 더욱 어렵게 했다.

셋째, 도시와 상업 기반 붕괴다. 개경을 비롯한 주요 도시가 반복적으로 침탈당하며 상업 활동이 마비되었다. 장시(場市)는 소멸했고,

교통망과 유통망도 붕괴했다. 고려 경제는 농업·상업·인구 모두에서 치명타를 입었다.

전쟁 비용과 재정 악화

몽골 침략은 고려의 재정을 전례 없이 악화시켰다.

첫째, 군사 동원 비용 증가다. 전란이 장기화하면서 군량미 조달, 성곽 축조, 무기 제작 등 전쟁 비용이 급증했다. 그러나 농업 기반이 무너진 상황에서 세입은 줄어들었고, 국가는 악순환에 빠졌다.

둘째, 강화도 천도와 경제적 부담이다. 고려 조정은 몽골의 침입을 피하고자 수도를 강화도로 옮겼다. 그러나 해상 보급에 의존해야 하는 천도는 막대한 물류비용을 발생시켰고, 백성들의 부담을 가중했다.

셋째, 몽골에 대한 조공과 공납이다. 전쟁이 종결된 후에도 고려는 원(元)에 막대한 공물을 바쳐야 했다. 말, 비단, 인삼, 금은 등 고부가 가치 자원이 지속해서 유출되면서 국내 경제는 더욱 피폐해졌다.

넷째, 민중의 세금 부담 가중이다. 전쟁 비용과 공납 부담은 고스란히 백성들에게 전가되었다. 이에 따라 인해 토지를 버리고 유랑하는 농민이 속출했으며, 이는 다시 세수 기반을 축소하는 악순환을 낳았다.

역사적 의미와 교훈

몽골 침략은 고려 경제를 붕괴와 재편의 기로에 세운 사건이었다.

첫째, 전란은 고려의 경제적 취약성을 드러냈다. 중앙집권적 조세 체계와 권문세족의 토지 집중은 위기 상황에서 민중을 보호하지 못했고, 오히려 고통을 가중했다.

둘째, 몽골과의 전쟁은 고려 사회에 세계 체제 편입이라는 역설적 결과를 낳았다. 원 간섭기를 거치며 고려는 동서 교역망에 일부 연결되었고, 새로운 기술과 문물이 유입되기도 했다. 하지만 이는 종속적 위치에서 비롯된 결과였다는 한계가 있었다.

셋째, 오늘날 교훈은 명확하다. 전쟁과 외세 침략은 언제나 경제 기반을 붕괴시키며, 민생 보호 없는 국가는 존립할 수 없다. 군사적 방비와 외교적 대응은 경제적 회복력과 함께 설계되어야 한다는 점이다.

넷째, 몽골 침략의 경험은 이후 조선 건국 세력이 국가 체제를 재설계하는 데 중요한 반면교사가 되었다. 강력한 중앙집권, 국방 체제 강화, 농민 보호 정책은 모두 이 시기의 교훈에서 비롯된 것이다.

몽골 침략은 고려 경제를 붕괴시킨 재앙이었지만, 동시에 새로운 질서를 모색하게 한 역사적 전환점이었다. 민생의 붕괴는 국가 존립의 위기와 직결되며, 경제 회복력이야말로 국가 생존의 핵심이라는 사실을 역사가 증명한다.

오늘날 한국 사회도 국제적 위기 속에서 이 교훈을 되새겨야 한다. 민중의 삶을 지켜내는 경제 기반이야말로 어떤 외세의 침략에도 버틸 힘임을 잊지 않는 것이 중요하다.

임진왜란·병자호란의 경제 파괴

전란의 충격과 농업 기반의 붕괴

16~17세기 조선을 뒤흔든 임진왜란(1592~1598)과 병자호란(1636~1637)은 조선 경제에 회복하기 어려운 상흔을 남겼다.

첫째, 토지 황폐화와 농업 생산력의 붕괴다. 일본군과 청군의 침입 과정에서 수많은 농토가 불태워지고 방치되었다. 경작 인력이 전쟁터에 징발되거나 피난길에 오르면서 농사는 제대로 이루어지지 않았다. 전쟁 직후 수확량은 평시의 절반에도 못 미쳤고, 기근이 연이어 발생했다.

둘째, 인구 감소와 노동력 상실이다. 전란으로 수십만 명이 전사하거나 납치되었으며, 민중은 강제 노역이나 포로로 끌려갔다. 농촌은 인력 부족으로 공동체가 무너졌고, 유민(流民)이 대거 발생했다.

셋째, 농가 재산의 손실이다. 가축은 군수 자원으로 징발되거나 약탈당했고, 농기구는 파괴되었다. 생존을 위해 집과 논밭을 버린 농민이 속출하며, 경제 기반은 근본적으로 흔들렸다.

넷째, 전염병과 기근의 확산이다. 전란이 끝난 뒤에도 농업 기반 붕괴로 인한 식량 부족은 수년간 이어졌고, 전염병이 창궐하면서 인구 감소는 더 심화했다.

재정 파탄과 민중의 고통

전란은 단순한 생산 기반 파괴에 그치지 않고, 조선의 국가 재정과 민생을 극도로 피폐하게 만들었다.

첫째, 전쟁 비용의 폭증이다. 군량 조달, 무기 제작, 성곽 수축 등 전쟁 수행 비용은 상상을 초월했다. 그러나 세입은 줄어들어 국가 재정은 심각한 적자에 빠졌다.

둘째, 과중한 세금 부담이다. 국가는 부족한 세수를 메우기 위해 백성들에게 더 많은 세금을 부과했다. 농토가 황폐해진 상태에서도 세금은 줄지 않았고, 오히려 불법 징수와 부정이 겹쳐 농민의 고통은 가중되었다.

셋째, 환곡과 군역 부담의 심화다. 환곡 제도는 구휼을 가장한 고리대 형태로 변질되어 농민을 옥죄었고, 군역은 실제로는 가난한 농민에게 전가되었다. 이는 민중 경제를 더욱 피폐하게 만들었다.

넷째, 전후 복구 지연이다. 임진왜란 후 선조와 광해군은 토지 대장 정비와 공납 개혁을 시도했으나, 효과는 제한적이었다. 병자호란 이후에도 국가 재정은 공납과 조공으로 고갈되었고, 민생 안정은 요원했다.

역사적 의미와 교훈

임진왜란과 병자호란의 경제 파괴는 단순한 일시적 충격이 아니라, 조선 사회 구조 전체를 뒤흔든 사건이었다.

첫째, 전란은 조선 경제의 취약성을 드러냈다. 농업 중심의 단순 구조는 전쟁과 외세 침입 앞에서 쉽게 무너졌다. 경제의 다각화와 방어력이 뒷받침되지 않는 국가는 장기적 위기에 취약함을 보여준다.

둘째, 민중 경제의 붕괴는 사회 불안의 씨앗이 되었다. 전후 농민 몰락과 빈곤은 민란과 사회 갈등으로 이어졌다. 백성을 지탱하지 못하는 국가는 필연적으로 내부 붕괴를 겪을 수밖에 없음을 증명한다.

셋째, 전란의 경험은 이후 조선 정부가 제도 개혁을 추진하는 계기가 되었다. 광해군의 대동법 시도, 인조 이후 재정개혁 논의는 전란의 충격에서 비롯된 반성의 결과였다.

넷째, 오늘날 교훈은 분명하다. 외부 위기 앞에서 경제적 회복력을 키우는 것이 국가 존립의 핵심이라는 점이다. 재난·전쟁 이후 민생 회복을 우선하지 않으면 사회적 불안은 장기적으로 더 큰 위기를 불러온다.

임진왜란과 병자호란은 조선 경제를 철저히 무너뜨린 재앙이었다. 농업 기반 붕괴, 재정 파탄, 민중 고통은 단순한 과거 사건이 아니라, 위기관리와 국가 운영의 본질적 과제를 일깨운다.

오늘날 우리는 이 역사를 통해 배운다. 경제 회복력과 민생 보호야말로 국가 안보의 핵심이라는 사실이다. 외세 침략과 전쟁의 충격을 견뎌낸 역사는, 국가가 다시 일어서기 위해 반드시 민중의 삶을 우선해야 한다는 교훈을 남긴다.

세도정치와 경제 침체

세도정치의 전개와 구조적 모순

19세기 전반 조선은 세도정치라는 특수한 정치 체제 아래 놓였다. 정조 사후, 어린 순조가 즉위하면서 안동 김씨 등 특정 가문이 권력을 독점했다. 이후 철종, 헌종, 고종 초반까지 60여 년간 이어진 세도정치는 조선의 정치·사회·경제 전반을 왜곡시켰다.

첫째, 권력의 사유화다. 왕권이 약화하면서 정권은 소수 가문이 독점했다. 안동 김씨, 풍양 조씨 등 권문세족은 고위 관직을 세습적으로 차지했고, 국가 운영은 공공성이 아닌 사적 이해로 좌우되었다.

둘째, 인사와 재정의 문란이다. 관직은 매관매직을 통해 팔리고, 지방 행정은 관리들의 부정부패로 가득 찼다. 국가는 능력보다 연줄과 금전으로 운영되었고, 재정 기반은 더 약화했다.

셋째, 경제 기반의 붕괴다. 토지제도의 모순이 심화하며 양반 지주층은 농민의 토지를 대거 흡수했다. 농민은 소작농으로 전락했고, 생산의 성과는 지주에게 집중되었다. 농민의 몰락은 조세 기반의 붕괴로 이어졌다.

삼정의 문란과 민중 경제의 파탄

세도정치기의 경제 침체의 핵심은 삼정(三政)의 문란이었다. 전정·군정·환곡은 원래 국가 재정을 뒷받침하고 백성을 안정시키는 장치였지만, 세도정치 아래에서 수탈 구조로 변질되었다.

첫째, 전정의 문란이다. 토지세는 토지 생산성과 무관하게 과중하게 부과되었다. 관리들은 장부를 조작하거나 허위로 세금을 부과하며 농민을 착취했다.

둘째, 군정의 문란이다. 군역은 실제 군사 복무 대신 포(布)라는 세금으로 대체되었으나, 가난한 농민에게 불법적으로 전가되었다. 부유한 양반은 군역을 회피했지만, 농민은 이중의 고통을 겪었다.

셋째, 환곡의 문란이다. 흉년 시 곡식을 빌려주는 제도였으나, 세도 가문과 탐관오리의 착복 수단으로 변질되었다. 원곡보다 많은 양을 갚게 하거나 이자를 과도하게 붙여 농민을 빚더미에 앉혔다.

넷째, 민중 경제의 붕괴다. 삼정의 문란은 농민의 삶을 송두리째 무너뜨렸다. 농민은 토지를 버리고 유랑민이 되었으며, 기근과 민란이 전국적으로 확산했다. 이는 사회 질서 자체를 뒤흔드는 위기로 발전했다.

역사적 의미와 교훈

세도정치기의 경제 침체는 단순한 정권 운영의 부패가 아니라, 국가 체제의 근본적 실패를 보여준다.

첫째, 지배층의 사익 추구가 국가 몰락을 초래했다. 세도 가문은 국가 운영을 공익이 아닌 사적 부로 전환했고, 이는 곧 민중 경제의 붕괴로 이어졌다.

둘째, 삼정의 문란은 사회적 신뢰의 붕괴를 낳았다. 백성은 국가 제도를 더 이상 신뢰하지 않았고, 민란과 저항으로 체제는 끊임없이 흔들렸다. 홍경래의 난(1811), 임술 농민 봉기(1862) 등은 세도정치 경제 침체의 산물이었다.

셋째, 이러한 실패 경험은 이후 흥선대원군 개혁의 동력이 되었다. 세도정치기의 폐단은 근대적 개혁을 요구하는 사회적 압력을 축적했으며, 국가 재건을 위한 경고음이었다.

넷째, 오늘날 교훈은 분명하다. 권력의 사유화와 제도적 부패는 경제의 붕괴를 초래한다. 경제 안정은 공정한 제도 운용과 사회적 신뢰 위에서만 유지될 수 있다.

세도정치기의 경제 침체는 단순한 과거의 사건이 아니다. 그것은 권력이 사유화될 때 국가와 민중이 어떤 고통을 겪는지를 극명하게 보여주는 역사적 사례다.

오늘날 우리는 이 시기를 통해, 공정한 제도 운용과 민생 중심의 경제정책이 국가 존립의 핵심임을 배운다. 세도정치의 어두운 경험은 경제정의와 민주적 제도의 필요성을 다시금 일깨워 주는 거울이다.

갑신정변의 경제 개혁 구상

개혁을 향한 문제의식

1884년 발생한 갑신정변은 단지 정치권력 탈취 사건이 아니라, 조선 사회 전반의 낡은 구조를 개혁하려는 시도였다. 당시 개화파 인사들은 정치·사회·경제 체제 전반의 변혁 없이는 조선이 근대적 국가로 나아갈 수 없다고 보았다.

첫째, 봉건적 토지제도의 개혁 필요성이다. 조선 후기 권문세족과 양반 지주의 토지 독점은 농민 몰락을 심화시켰고, 경제적 불평등은 사회 불안을 키웠다. 개화파는 토지제도의 개혁을 통해 생산성과 공평성을 높이고자 했다.

둘째, 재정 운영의 비효율이다. 삼정의 문란으로 대표되는 조세 체제의 붕괴는 이미 민생을 파탄 냈다. 공정하고 합리적인 조세 제도 개편은 시급한 과제였다.

셋째, 자주적 근대화의 절박성이다. 청과 일본, 서구 열강의 압박 속에서 조선은 독자적으로 경제적 자립 기반을 마련해야 했다. 개화파는 외세의 간섭을 줄이고, 자주적 근대화를 이루기 위한 경제 개혁을 필수 조건으로 인식했다.

경제개혁안의 구체적 내용

갑신정변 주도 세력은 '14개조 정강'을 통해 경제 개혁의 청사진을 제시했다.

첫째, 재정의 일원화와 납세 제도 개혁이다. 관청마다 중복적으로 거두던 세금을 폐지하고, 재정을 호조에 일원화하여 공정한 세입과 지출을 확보하려 했다. 이는 재정 투명성과 효율성을 높이는 근대적 예산제도의 출발이었다.

둘째, 불합리한 특권 철폐다. 양반·관료의 면세 특권을 폐지하고, 신분과 관계없이 공평한 납세를 시행하고자 했다. 이는 세입 기반을 확충하는 동시에 경제적 평등을 확대하는 조치였다.

셋째, 토지제도 개혁이다. 토지 소유의 불평등을 시정하고, 조세 수취를 합리화하려는 구상이 담겨 있었다. 토지세를 현실화하고, 지주 중심의 불합리한 구조를 개선해 농민의 생활 기반을 회복하려 했다.

넷째, 상업과 산업 진흥이다. 개화파는 근대적 산업과 상업을 육성하기 위해 관세 제도를 정비하고, 상공업 활동을 장려했다. 이는 조선 경제를 봉건적 틀에서 벗어나 근대 시장 경제 체제로 전환하려는 의지의 표현이었다.

다섯째, 낭비적 재정 지출 억제다. 내시·궁중 비용 축소, 관리 부패

척결을 통해 국가 재정을 민생 중심으로 운영하려 했다. 이는 재정 개혁이 단순한 세입 확대가 아니라, 지출의 합리화까지 포함했음을 보여준다.

역사적 의의와 교훈

갑신정변의 경제 개혁 구상은 비록 삼일천하로 끝났지만, 한국 근대 경제사에서 혁신적 전환을 시도한 최초의 청사진이었다.

첫째, 근대적 재정 개념의 도입이다. 재정을 중앙집권적으로 일원화하고, 예산·결산을 명확히 하려는 구상은 이후 근대적 국가 운영의 기초가 되었다.

둘째, 경제적 평등의 원칙 제시다. 신분 특권을 폐지하고 공평한 납세를 주장한 것은 조선 사회에 획기적인 평등 개혁의 비전을 제시한 것이다. 이는 훗날 경제 민주화 논의의 사상적 뿌리라 할 수 있다.

셋째, 근대 산업 육성의 의지다. 상업과 산업 진흥을 통한 자주적 근대화 구상은 외세 의존을 탈피하려는 시도였다. 비록 실행되지 못했지만, 이후 갑오개혁과 대한제국 시기의 산업정책에 영향을 미쳤다.

넷째, 오늘날의 교훈은 분명하다. 제도의 근본 개혁 없이는 경제의 근본적 변화가 불가능하다. 갑신정변은 단기간의 실패로 끝났지만, 근대적 경제 개혁의 방향성을 제시했다는 점에서 중요한 역사적 의의를 지닌다.

갑신정변의 경제 개혁 구상은 실패한 사건이 아니라, 조선이 근대 경제 체제로 나아가기 위한 도전이었다. 개혁의 시도는 좌절되었지만, 그 비전은 이후 개혁운동의 토대가 되었다.

오늘날 우리는 갑신정변에서, 국가 운영과 경제 체제가 공정성·투명성·자주성 위에 서야 한다는 교훈을 얻는다. 비록 좌절로 끝난 3일의 꿈이었지만, 그것은 한국 근대 경제사의 출발점이었다.

IMF 외환위기와 구조조정

외환위기의 발생 배경과 충격

1997년 한국을 강타한 IMF 외환위기는 근대 경제사에서 큰 전환점 중 하나였다.

첫째, 금융·외환 구조의 취약성이다. 1990년대 초반 자본시장 개방과 금융 자유화가 급격히 이루어졌지만, 금융기관의 건전성 규제와 감독은 미비했다. 기업들은 단기 외채에 의존했고, 은행은 무분별한 대출을 확대했다.

둘째, 재벌 중심 성장 구조의 한계다. 한국 경제는 대기업 주도의 고도성장을 이뤘으나, 차입경영과 문어발식 확장은 외환위기의 도화선이 되었다. 수익성이 없는 사업까지 확장하면서 부실이 누적되었다.

셋째, 외부 충격 요인이다. 동남아 외환위기가 확산하면서 한국 금융시장이 불안에 휩싸였고, 해외 단기자본이 급격히 이탈했다. 외화보유액은 바닥나며 국가 부도 직전 상황에 이르렀다.

넷째, 국민적 충격이다. 1997년 12월, 한국은 IMF에 구제금융을 신청했다. 외환위기는 단순한 경제 위기를 넘어, 한국 사회 전체를 뒤흔든 역사적 사건이었다.

구조조정과 사회적 고통

IMF 외환위기는 곧바로 대대적인 구조조정으로 이어졌다.

첫째, 금융 구조조정이다. 부실 금융기관이 정리되고, 은행은 대규모 합병·퇴출 과정을 거쳤다. 금융 시스템은 선진적 감독 체제를 갖추게 되었지만, 단기적 충격은 컸다.

둘째, 기업 구조조정이다. 재벌 그룹은 부실 계열사를 정리하고, 차입경영에서 벗어나기 위해 구조조정을 단행했다. 현대, 대우 등 대기업이 해체되거나 축소되며 한국 산업 지형은 크게 변했다.

셋째, 노동 시장 충격이다. 정리해고와 비정규직 확산은 외환위기의 가장 큰 사회적 비용이었다. 실업률은 1998년 8%를 넘어섰고, 수많은 가계가 몰락했다. 'IMF 세대'라는 말이 생겨날 만큼, 청년층은 일자리와 미래를 빼앗겼다.

넷째, 국민 생활의 위축이다. 가계부채가 늘고, 소비는 급격히 위축되었다. 사회 안전망이 부족한 상태에서, 실직과 파산은 곧바로 빈곤으로 이어졌다. 자살률이 급등하는 등 사회적 후유증이 심각했다.

다섯째, 금 모으기 운동이다. 위기 극복을 위한 국민적 연대가 나타났다. 개인과 기업이 자발적으로 금을 내어 외화 보유액 확충에 기여한 사례는 한국 사회의 저력을 보여주었다.

역사적 의미와 교훈

IMF 외환위기와 구조조정은 한국 경제에 뼈아픈 상처와 새로운 전환을 동시에 남겼다.

첫째, 신자유주의적 전환이다. IMF는 구조조정과 개혁을 조건으로 구제금융을 제공했고, 한국은 금융·노동·기업 구조를 전면 개편했다. 이는 이후 한국 경제의 신자유주의적 체제 전환으로 이어졌다.

둘째, 사회 양극화 심화다. 비정규직 확산과 고용 불안은 장기적으로 사회 불평등을 심화시켰다. 외환위기 이후 '중산층 붕괴'라는 말이 현실이 되었다.

셋째, 경제 체질 개선의 계기도 되었다. 단기 외채 의존을 줄이고, 외화 보유액을 확충하며, 금융 감독 체계를 정비한 것은 한국 경제가 다시 성장할 수 있는 토대를 마련했다.

넷째, 오늘날 교훈은 분명하다. 단기적 성장에만 의존하는 불균형 구조는 반드시 위기를 낳는다. 건전한 금융, 투명한 기업 지배 구조, 강력한 사회 안전망이 없다면, 외부 충격은 언제든 국가적 위기로 확산할 수 있다.

IMF 외환위기와 구조조정은 한국 경제의 가장 뼈아픈 경험이자, 동시에 재도약의 출발점이었다. 국민은 혹독한 고통을 겪었지만, 이 위기를 극복하며 세계 10위권 경제로 도약하는 토대를 다시 세웠다. 그러나 그 후유증인 고용 불안, 사회 양극화, 불평등 구조는 여전히 현재진행형 과제다. 역사는 경고한다. 경제 발전의 속도보다 중요한 것은, 민생을 지키는 안정적 구조와 공정한 제도라는 사실이다.

글로벌 금융위기와 한국의 대응

위기의 발발과 세계 경제 충격

2008년 미국에서 촉발된 글로벌 금융위기는 세계 경제를 휘청이게 한 대사건이었다.

첫째, 위기의 발생 배경이다. 미국은 저금리와 금융 규제 완화 속에서 부동산 거품이 형성되었고, 서브프라임 모기지 부실이 금융 시스템 전반으로 확산했다. 파생상품의 복잡한 구조는 위험을 은폐했고, 결국 리먼 브라더스의 파산(2008년 9월)은 전 세계 금융 시스템을 마비시켰다.

둘째, 세계적 파급 효과다. 미국과 유럽 금융기관이 연쇄적으로 흔들리면서 글로벌 자본시장이 위축되었다. 수출 의존도가 높은 한국 경제도 직격탄을 맞았다. 외국인 자금이 급속히 유출되고, 원화 가치가 폭락했으며, 금융시장의 신용 경색이 심화했다.

셋째, 실물 경제의 충격이다. 세계 수요 위축으로 수출이 급감했고, 제조업 가동률이 떨어졌다. 특히 반도체·자동차·조선 등 한국의 주력 산업이 큰 타격을 입었다. 금융위기는 단순한 금융 부문 위기를 넘어 실물 경제 위기로 전이되었다.

한국의 대응 전략과 효과

한국은 IMF 외환위기의 교훈을 안고 있었기에, 글로벌 금융위기에 비교적 신속하고 적극적으로 대응할 수 있었다.

첫째, 외환·금융 안정화 조치다. 정부와 한국은행은 외화 보유액을 활용하고, 미국·일본·중국과 통화 스와프 협정을 체결해 외환시장의 불안을 진정시켰다. 이는 IMF 시절의 외화 부족 사태가 재발하지 않도록 한 핵심 대응이었다.

둘째, 확장적 재정 정책이다. 정부는 대규모 경기 부양책을 시행해 소비와 투자를 촉진했다. 사회간접자본(SOC) 투자 확대, 세제 감면, 공공부문 일자리 창출은 단기적 경기 부양에 효과를 발휘했다.

셋째, 통화 정책 완화다. 한국은행은 기준금리를 급격히 인하해 유동성을 공급했다. 기업과 가계의 자금 조달 비용이 적어지며, 신용 경색이 완화되는 효과가 있었다.

넷째, 금융 안전망 강화다. 은행에 대한 지급보증, 기업 유동성 지원, 중소기업 대출 보증 확대 등으로 금융기관과 실물 경제의 연쇄 붕괴를 막았다.

다섯째, 산업 구조조정 병행이다. 일부 부실기업과 금융기관은 구조조정을 통해 정리되었고, 위기를 계기로 기업 지배구조 개선 논의가 강화되었다.

이러한 조치들은 외환위기 당시의 경험을 반영한 것이었으며, 결과적으로 한국은 글로벌 금융위기를 비교적 빠르게 극복할 수 있었다.

역사적 의의와 교훈

글로벌 금융위기와 한국의 대응은 여러 가지 중요한 의미와 교훈을 남겼다.

첫째, 위기 대응 역량의 성숙이다. IMF 외환위기 때와 달리, 한국은 외화 보유액 확충과 제도적 정비를 통해 위기에 자율적으로 대응할 수 있었다. 이는 경제 체질이 한층 강화되었음을 보여준다.

둘째, 확장적 정책의 효과와 한계다. 적극적 재정·통화 정책은 단기 위기 극복에는 효과적이었지만, 재정 건전성 악화와 가계부채 증가라는 장기적 부담을 남겼다.

셋째, 금융 규제와 감독의 중요성이다. 위기는 금융시장의 불투명성과 과도한 위험 추구가 어떤 재앙을 불러오는지를 보여주었다. 금융 안정성과 투명성 확보는 국가 경제의 핵심 과제로 자리 잡았다.

넷째, 오늘날 교훈은 분명하다. 세계화된 경제에서 위기는 국경을 넘어 전이된다. 따라서 국가적 차원의 대응뿐 아니라 국제 협력, 특히 금융 안정 네트워크 구축이 필수적이다.

2008년 글로벌 금융위기는 한국 경제에 큰 충격을 주었지만, 동시에 IMF 외환위기 이후 강화된 경제 체질이 시험대에 오른 사건이었다. 한국은 적극적인 정책 대응과 국민적 협력으로 위기를 빠르게 극복했지만, 그 과정에서 재정 부담·가계부채·양극화라는 새로운 과제를 떠안게 되었다.

오늘날 한국 사회가 되새겨야 할 교훈은 명확하다. 위기를 예방하는 제도적 장치와 민생 중심의 정책이 병행될 때만이, 외부 충격에 흔들리지 않는 지속 가능한 경제를 만들 수 있다는 점이다.

팬데믹 경제 충격과 디지털 전환

팬데믹이 불러온 경제 충격

2020년 전 세계를 강타한 코로나19 팬데믹은 전쟁에 비견되는 경제적 충격을 안겨주었다.

첫째, 실물 경제의 급격한 위축이다. 감염 확산을 막기 위한 봉쇄와 사회적 거리 두기 조치는 소비·생산·투자를 동시에 위축시켰다. 제조업 가동이 멈추고, 서비스업은 직격탄을 맞았다. 특히 자영업과 관광·항공·외식업은 생존 위기에 내몰렸다.

둘째, 고용 시장의 붕괴다. 비정규직·특수고용·플랫폼 노동자 등 취약계층의 일자리가 가장 먼저 사라졌다. '팬데믹 실업'은 단순한 일자리 상실을 넘어, 사회 안전망의 불평등을 드러냈다.

셋째, 글로벌 공급망의 혼란이다. 중국을 중심으로 한 세계 생산 네트워크가 마비되면서 원자재·부품 부족 사태가 벌어졌다. 이는 반도체, 자동차, 전자제품 등 주력 산업에 직접적 충격을 주었다.

넷째, 소득 양극화 심화다. 재택근무가 가능한 고소득 전문직은 상대적으로 안정적이었으나, 대면 서비스 노동자는 생계 기반이 무너졌다. 팬데믹은 기존 불평등 구조를 더 확대했다.

위기 대응과 디지털 전환의 가속화

팬데믹 충격 속에서 각국은 경제 붕괴를 막기 위해 전례 없는 대응책을 내놓았다. 한국도 예외가 아니었다.

첫째, 확장적 재정 정책이다. 긴급재난지원금, 소상공인 손실보전금, 고용유지지원금 등 대규모 재정 지출이 이루어졌다. 이는 단기적으로 소비를 떠받치고 사회적 불만을 완화하는 효과를 냈다.

둘째, 통화 정책의 완화다. 기준금리를 사상 최저 수준으로 낮추고, 유동성을 대규모로 공급했다. 자금 경색을 완화했지만, 동시에 자산 가격 급등과 부채 확대라는 부작용도 낳았다.

셋째, 디지털 전환의 가속화다. 비대면이 일상화되면서 원격근무, 온라인 교육, 전자상거래, 원격의료 등이 급속히 확산했다. 특히 배달·플랫폼 산업은 팬데믹을 계기로 폭발적으로 성장했다.

넷째, 산업구조 변화다. 항공·관광업 등 전통 대면 산업은 타격을 입었으나, IT·바이오·플랫폼 산업은 새로운 성장 기회를 맞았다. 위기는 곧 디지털 경제 전환의 촉매제 역할을 했다.

역사적 의의와 교훈

팬데믹 경제 충격과 디지털 전환은 단순히 일시적 사건이 아니라, 경제 패러다임의 대전환을 이끌었다.

첫째, 위기 속 불평등의 심화다. 팬데믹은 취약계층이 가장 큰 피해를 본 사건이었다. 이는 복지·노동 안전망의 재정비 필요성을 일깨워 주었다.

둘째, 디지털 경제의 부상이다. 위기 상황은 디지털 기술이 단순한 효율성을 넘어, 사회 생존을 좌우하는 핵심 인프라임을 보여주었다. 앞으로 경제 경쟁력은 디지털 전환 속도와 포용성에 달려 있다.

셋째, 국가 역할의 재부상이다. 위기 극복 과정에서 정부의 적극적 재정·통화 개입은 불가피했다. 이는 시장 만능주의가 아닌, 공공성과 국가의 조정 능력이 여전히 중요함을 확인시켰다.

넷째, 오늘날 교훈은 명확하다. 재난은 경제 구조의 취약성을 드러내고, 동시에 새로운 혁신의 기회를 제공한다는 점이다. 민생을 지키는 안전망과 미래를 준비하는 디지털 전략을 병행해야 한다.

코로나19 팬데믹은 한국 경제를 포함한 전 세계를 혼란에 빠뜨렸지만, 동시에 디지털 전환의 가속화와 새로운 성장 경로를 열었다.

오늘날 우리가 이 시기를 통해 얻을 시사점은 분명하다. 민생을 지키는 복원력과 혁신을 촉진하는 전환력을 동시에 갖출 때, 위기는 새로운 도약의 기회가 될 수 있다. 팬데믹 경제 충격은 단순한 위기가 아니라, 미래 경제의 방향을 재설계하는 전환점이었다.

기후 위기와 지속 가능 경제의 도전

기후 위기의 현실과 경제적 충격

21세기 인류가 직면한 가장 심각한 도전 가운데 하나는 기후 위기다. 이는 환경 문제가 아니라, 곧 경제적 생존의 문제다.

첫째, 지구 온난화와 이상기후다. 산업혁명 이후 화석연료 사용이 폭증하며 대기 중 이산화탄소 농도는 급격히 상승했다. 지구 평균기온은 1.1℃ 이상 상승했고, 폭염·폭우·산불·가뭄 같은 이상기후가 일상화되었다. 이는 농업 생산량 감소, 해양 생태계 파괴, 재난 피해 확대 등 실질적 경제 충격을 낳고 있다.

둘째, 경제 시스템의 불안정이다. 탄소 배출이 많은 산업은 규제와 국제 협약의 직격탄을 맞고 있으며, 에너지·운송·제조업은 구조적 전환을 요구받는다. 기후 위기는 단순한 환경 문제가 아니라 경제 구조 전체를 흔드는 변수다.

셋째, 사회적 불평등의 확대다. 기후 위기의 피해는 취약계층에 집중된다. 농민·어민·저소득층은 생계 기반을 위협받으며, 기후난민 문제까지 대두된다. 기후 위기는 곧 사회적 위기이자 분배 정의의 문제다.

지속 가능 경제로의 전환 시도

기후 위기는 동시에 경제 패러다임 전환의 계기가 되고 있다.

첫째, 국제적 협력 강화다. 파리협정(2015)은 지구 평균기온 상승을 1.5~2℃ 이내로 제한하기 위한 국제적 약속이다. 각국은 온실가스 감축 목표(NDC)를 설정하고, 재생에너지 확대·산업 구조 전환을 추진하고 있다.

둘째, 녹색 금융과 ESG 경영이다. 기후 위기 대응을 위한 금융의 역할이 강조되면서, 녹색 채권·탄소배출권 거래 등이 확산했다. 기업들도 ESG(환경·사회·지배구조)를 경영의 핵심 지표로 삼으며 지속 가능성을 추구하고 있다.

셋째, 산업구조 개편이다. 석탄·석유 중심 에너지 체제에서 벗어나 태양광·풍력·수소·원전 등 저탄소·무탄소 에너지원으로 전환이 가속화되고 있다. 자동차 산업도 내연기관에서 전기·수소차로 이동하며, 미래 산업 생태계의 재편이 진행 중이다.

넷째, 디지털 기술의 접목이다. 인공지능, 빅데이터, 사물인터넷(IoT) 등 디지털 기술은 에너지 효율 관리, 스마트 그리드, 탄소 배출 모니터링 등 기후 대응에 적극적으로 활용되고 있다. 기후 위기 대응은 곧 기술 혁신과 직결된다.

역사적 의의와 교훈

기후 위기와 지속 가능 경제의 도전은 인류가 맞이한 역사적 전환점이다.

첫째, 경제 성장 패러다임의 전환이다. 더 이상 무한한 성장은 가능하지 않다. 자원과 환경의 제약 속에서, 경제는 '양적 팽창'이 아닌 '질적 성장'으로 방향을 틀어야 한다.

둘째, 정의로운 전환(Just Transition)의 필요성이다. 기후 정책이 특정 계층에 불균형한 부담을 지우지 않도록, 사회 안전망과 재분배 제도가 병행되어야 한다. 지속 가능 경제는 공정성을 전제로 한다.

셋째, 국가와 시장의 새로운 역할이다. 시장의 효율성만으로는 기후 위기를 해결할 수 없다. 국가의 강력한 정책, 국제 협력, 시민사회의 참여가 결합해야 한다.

넷째, 오늘날 교훈은 명확하다. 기후 위기는 미래의 문제가 아니라 현재의 위기다. 대응을 미루면 경제적 비용은 기하급수적으로 커진다. 지속 가능한 성장 전략을 지금 선택하는 것이 미래를 지키는 유일한 길이다.

기후 위기와 지속 가능 경제의 도전은 단순한 환경 이슈를 넘어, 경제 생존과 인류 문명의 지속 가능성을 좌우하는 문제다. 한국을 비롯한 모든 국가는 녹색 전환과 정의로운 경제 구조 개편을 서둘러야 한다.

오늘날 우리가 이 시기를 통해 얻을 시사점은 분명하다. 지속 가능성을 경제 발전의 중심축으로 삼을 때만이, 인류는 기후 위기의 파고를 넘어설 수 있다. 기후 위기는 도전이자 동시에 미래 혁신의 기회다.

한국사 경제학

제8부

지역경제와 균형 발전

- 공간의 정의, 분배의 경제학

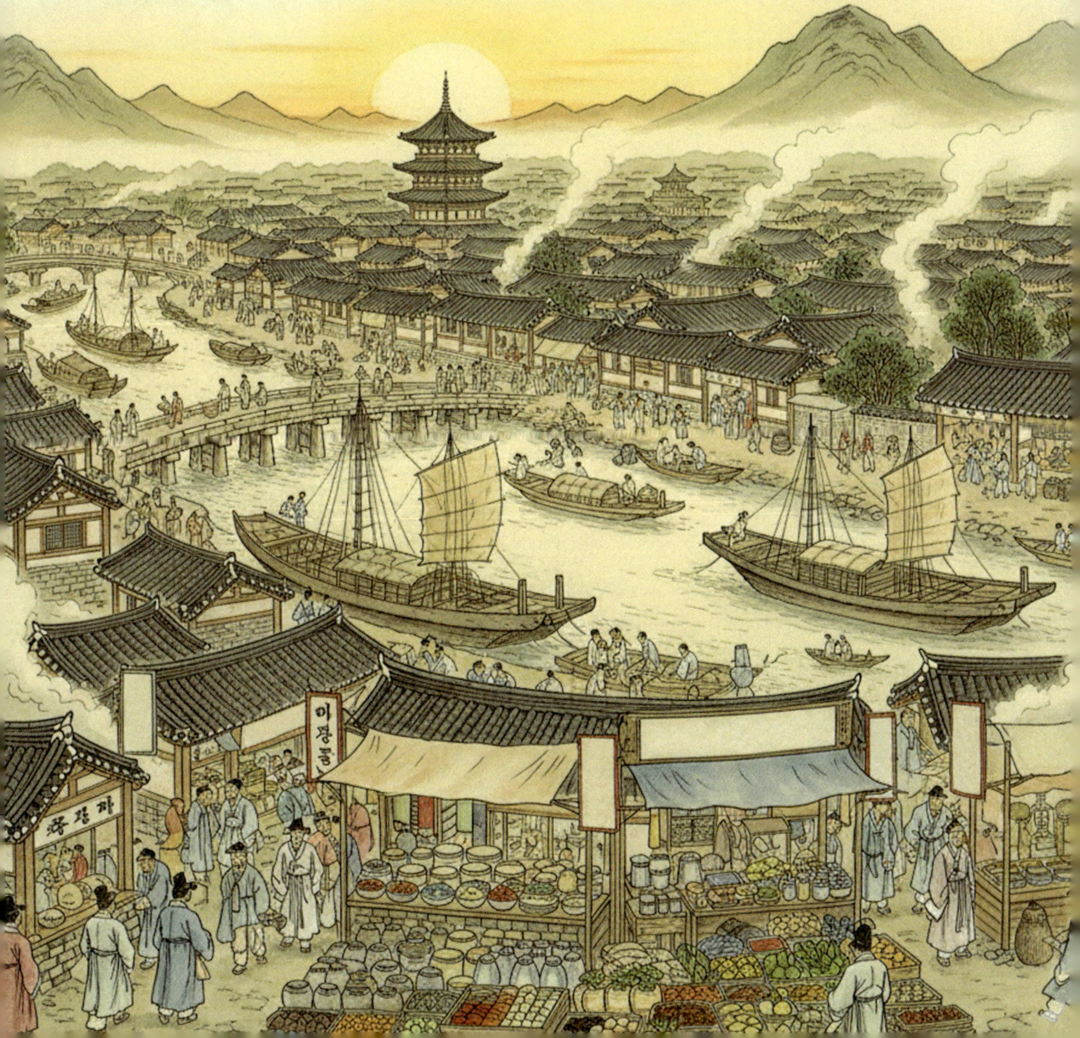

한국 경제의 공간은 늘 불균형 속에서 움직였다. 신라의 수도 경주, 고려의 개경, 조선의 한양은 중앙집중의 상징이었다. 그러나 그 번영 뒤에는 호남의 곡창지대, 지방 상공업의 희생이 있었다.

개항 이후 인천과 부산이 성장했고, 산업화 이후 수도권은 폭발적으로 팽창했다. 지방의 소멸, 농촌의 인구 유출은 공간적 불평등의 결과였다.

균형발전은 단순한 지역 정책이 아니다. 국가 경제의 지속 가능성을 위한 구조개혁이다. 『한국사 경제학』은 공간을 경제의 정의로 본다.

신라 경주의 수도 경제

수도 경주의 형성과 번영

신라는 삼국 통일을 통해 동아시아에서 새로운 강자로 부상했으며, 그 중심에는 수도 경주가 있었다.

첫째, 정치·행정의 중심지로서 경주다. 경주는 왕궁과 관청, 귀족의 저택이 모여 있던 정치적 수도였다. 신라의 중앙집권 체제가 강화되면서, 모든 조세와 공물이 수도로 집중되었다. 이는 경주를 경제적 번영의 핵심 거점으로 만들었다.

둘째, 인구와 도시 규모다. 통일신라 전성기에는 경주 인구가 100만에 이르렀다는 기록이 전해진다. 당시 세계적으로도 손꼽히는 대도시였으며, 동아시아 교역망 속에서 국제적 위상을 누렸다.

셋째, 문화와 경제의 결합이다. 불국사, 석굴암, 첨성대 같은 거대한 건축물은 경제적 번영의 산물이자, 동시에 경주의 위상을 상징하는 자산이었다. 문화와 경제가 서로 시너지를 이루며 도시 발전을 견인했다.

주의 경제 구조와 네트워크

경주의 경제는 단순한 소비 도시가 아니라, 생산과 유통의 중심지였다.

첫째, 조세와 공납이다. 전국 각지에서 거둔 곡물과 특산품이 경주로 모였다. 이는 국가 재정의 기반이 되었을 뿐 아니라, 수도 내 대규모 소비와 유통을 뒷받침했다.

둘째, 수공업과 상업이다. 경주에는 장인 집단이 형성되어 금·은세공, 토기, 직물 등 다양한 수공업 제품을 생산했다. 이들은 귀족과 불교 사원의 수요를 충족시키며 경제 활력을 불어넣었다.

셋째, 국제 교역망과의 연결이다. 신라는 당나라, 일본, 동남아와 교역하며 비단, 도자기, 향료 등을 수입했고, 금·은·인삼·직물 등을 수출했다. 경주는 이 국제 교역의 중개지로 기능하며 동아시아 무역 네트워크의 중요한 거점이 되었다.

넷째, 교통과 물류다. 낙동강 수운과 육상로를 통한 교통망은 경주의 경제를 떠받치는 인프라였다. 수도로 물자가 집중되는 구조는 당시 경제 활동의 핵심 메커니즘이었다.

역사적 의의와 교훈

신라 경주의 수도 경제는 단순한 과거의 번영이 아니라, 오늘날 지역경제 균형발전의 교훈을 제공한다.

첫째, 수도 집중의 양면성이다. 경주는 국가 권력과 자원이 집중되며 번영했지만, 동시에 지방은 소외되었다. 수도 집중과 지방 불균형은 한국 경제의 오랜 과제임을 보여준다.

둘째, 문화와 경제의 상호작용이다. 경주의 경제적 번영은 불교문화의 꽃을 피우는 데 기여했고, 문화적 위상은 다시 경제적 활력을 불러왔다. 이는 지역 발전에 있어 문화와 경제의 융합 전략이 중요함을 시사한다.

셋째, 국제 교역의 개방성이다. 신라의 번영은 폐쇄적 자급자족이 아니라, 동아시아 무역 네트워크 속 적극적 교류에서 비롯되었다. 오늘날에도 개방성과 국제 협력이 경제 성장의 동력임을 확인시켜 준다.

넷째, 지속 가능성의 문제다. 수도 경주에 지나친 자원과 인구가 집중되자, 국가가 흔들릴 때 도시의 경제도 빠르게 쇠락했다. 수도 일극 체제가 아닌 분산형 발전 전략이 필요함을 보여주는 역사적 사례다.

신라 경주의 수도 경제는 동아시아를 무대로 한 한국 고대사의 전성기와 번영을 보여준다. 그러나 동시에 수도 집중의 폐해와 지방 소외라는 구조적 문제도 드러냈다.

오늘날 한국의 수도권 집중 문제와 지방 소멸 위기를 돌아볼 때, 신라 경주의 경험은 분명한 교훈을 준다. 수도만이 아니라 지역이 함께 성장할 수 있는 균형발전 전략이야말로, 지속 가능한 국가 경제를 위한 길임을 역사가 증언한다.

고려 개경 상업 도시의 번영

개경의 형성과 상업적 기반

고려의 수도 개경은 단순한 정치 중심지를 넘어 경제적 번영의 상징이었다.

첫째, 수도의 입지와 상징성이다. 개경은 북한산과 임진강을 잇는 교통 요충지에 위치해 내륙과 해안을 연결하는 관문 역할을 했다. 정치적 수도이자 물류·교역의 중심지로서 자연스럽게 경제 활동이 집중되었다.

둘째, 도시 인구와 규모다. 고려 전성기에는 개경 인구가 수십만에 이르러 동아시아 유수의 대도시로 성장했다. 왕족, 귀족, 관료뿐 아니라 상인, 장인, 서민이 뒤섞여 살면서 도시 경제의 활력이 형성되었다.

셋째, 세금과 공납의 집중이다. 전국에서 거둔 조세와 특산물이 개경으로 모여 국가 재정을 뒷받침했으며, 이는 수도 내 상업과 소비를 촉진하는 기반이 되었다.

상업 활동과 국제 교역

개경은 고려 경제의 심장부였으며, 활발한 상업과 교역의 중심지였다.

첫째, 상업의 발달이다. 시전(市廛)이 발달해 각종 물품이 거래되었으며, 정부가 관리하는 관영 상점과 민간 상점이 공존했다. 시장은 일상적으로 열렸고, 곡물, 직물, 수공업품, 외래품이 활발히 거래되었다.

둘째, 수공업과 장인 경제다. 개경에는 금·은세공, 도자기 제작, 직물 생산 등 다양한 장인 집단이 있었다. 이들의 생산품은 귀족과 왕실의 소비를 충족시키는 동시에 국제 무역 품목으로도 활용되었다.

셋째, 국제 교역망의 확장이다. 개경은 송나라, 여진, 일본, 아라비아 상인들과 교류하는 국제도시였다. 송과의 교역을 통해 비단, 약재, 도자기를 수입했고, 고려는 금, 은, 인삼, 도자기 등을 수출했다. '고려청자'는 당시 동아시아 교역에서 가장 인기 있는 품목 중 하나였다.

넷째, 화폐 유통과 금융 활동이다. 개경은 고려 화폐가 시범적으로 유통된 장소이기도 했다. 비록 전국적 확산은 한계가 있었지만, 개경 내에서는 화폐와 신용 거래가 일정 부분 활용되며 금융 활동의 초기 형태가 자리 잡았다.

역사적 의의와 교훈

고려 개경의 상업적 번영은 한국 경제사에서 중요한 교훈을 제공한다.

첫째, 도시 경제의 발전 모델이다. 개경은 수도로서 행정 기능에 더해, 상업과 수공업이 결합한 도시 경제의 전형을 보여주었다. 이는 한국 고대·중세 경제 구조가 단순 농업 기반을 넘어 도시 경제 단계로 발전했음을 의미한다.

둘째, 개방성과 국제 교역의 중요성이다. 개경의 번영은 폐쇄적 자급자족이 아니라, 송과 일본, 서역과의 교역을 통한 개방적 교류에서 비롯되었다. 오늘날에도 한국 경제의 생존 전략은 개방성과 국제 협력에 있음을 시사한다.

셋째, 상업 활성화와 국가의 역할이다. 고려 정부는 시전과 관영 상점을 통해 상업을 통제했지만, 동시에 시장 질서를 유지하며 교역을 촉진했다. 이는 국가가 상업 발전을 억압만 한 것이 아니라, 일정한 제도적 틀을 제공했음을 보여준다.

넷째, 수도 집중의 한계다. 개경은 경제·문화의 중심지로 번영했지만, 지나친 수도 집중은 지방의 상대적 소외를 심화시켰다. 이는 오늘날 한국의 수도권 집중 문제와 맥을 같이하는 역사적 과제다.

고려 개경의 상업 도시로서의 번영은 한국 경제사가 농업 중심에서 도시 경제로 이행하는 중요한 분기점을 보여준다. 개경은 단순한 정치 수도가 아니라, 국제 교역의 거점이자 상업적 활력이 넘치는 대도시였다.

그러나 동시에 수도 집중과 지방 불균형이라는 구조적 문제도 남겼다. 오늘날 우리가 이 시기를 되돌아보는 이유는, 개방적이고 균형 잡힌 발전 전략만이 지속 가능한 경제를 보장한다는 교훈을 얻기 위함이다.

조선 후기 한양과 지방의 격차

수도 한양의 경제적 팽창

조선 후기 한양은 정치적 수도일 뿐 아니라 경제적 중심지로 자리매김하였다.

첫째, 정치·행정의 집중이다. 한양에는 왕궁과 중앙 관청이 모여 있어 전국의 세금과 공물이 이곳으로 집중되었다. 권력과 재정이 한양으로 쏠리면서 자연스럽게 도시 경제가 성장했다.

둘째, 시장과 상업의 발전이다. 시전 상인과 난전의 경쟁 속에 한양은 거대한 소비 시장으로 변모했다. 특히 육의전(六矣廛)은 국가의 허가를 받은 특권 상점으로, 직물·곡물·명주·약재 등이 활발히 거래되었다. 한양은 전국 물자가 집결하는 거대한 상업 도시로 성장했다.

셋째, 인구 집중과 소비 확대다. 조선 후기 한양의 인구는 수십만에 이르러 당시 동아시아에서도 손꼽히는 대도시였다. 왕족, 관료, 상인, 장인, 서민이 혼재하며 소비 시장을 뒷받침했고, 이는 지방 경제와의 격차를 더 심화시켰다.

지방 경제의 침체와 격차 확대

수도 한양이 성장하는 동안, 지방은 상대적으로 경제적 소외와 침체를 겪었다.

첫째, 조세 구조의 문제다. 지방에서 거둔 세곡과 공물이 한양으로 집중되면서, 지방 경제에 재투자되는 비율은 극히 낮았다. 지방은 세금을 짊어지는 공급지였지만, 소비와 이익은 수도에 집중되었다.

둘째, 상업 기반의 취약이다. 지방 장시는 일정 부분 성장했으나, 유통망과 자본의 규모에서 한양을 따라가지 못했다. 상업 자본과 금융은 점차 한양 중심으로 집중되었고, 지방은 내수시장 확대에서 소외되었다.

셋째, 인재와 자원의 수도 유출이다. 지방의 유능한 인재와 물산은 한양으로 흘러갔다. 과거제를 통한 중앙 진출은 지방의 자원을 빨아들이는 구조였으며, 지방은 점차 피폐해졌다.

넷째, 사회적 불만의 누적이다. 지방의 경제 침체는 민란과 저항으로 이어졌다. 홍경래의 난(1811) 등은 경제적 불평등이 폭발한 대표적 사건이었다. 수도와 지방 간 격차는 단순한 경제 문제가 아니라, 사회적 균열의 원인이 되었다.

역사적 의의와 교훈

조선 후기 한양과 지방의 격차는 오늘날 한국 사회에도 시사점을 준다.

첫째, 수도 집중의 구조적 문제다. 권력과 자본이 수도에 집중되면 단기적으로는 번영을 이루지만, 장기적으로는 지방의 침체와 불균형을 초래한다. 이는 한국 현대사의 수도권 집중 문제와 유사하다.

둘째, 균형발전의 필요성이다. 조선 후기의 실패는 지방 경제에 대한 체계적 지원이 부족했기 때문이다. 균형 있는 발전 전략이 없으면 국가 전체의 지속 가능성은 약화한다.

셋째, 사회적 갈등의 뿌리다. 경제적 격차는 단순한 빈부 차이를 넘어 사회적 갈등으로 이어졌다. 지방의 불만은 정치적 불안정을 야기했고, 이는 국가 전체를 흔드는 요인이 되었다.

넷째, 오늘날 교훈은 명확하다. 지역 불균형은 단순한 경제 문제가 아니라, 국가의 존립과 직결된 문제다. 수도와 지방이 함께 성장할 수 있는 정책과 구조적 개혁이 필요하다.

조선 후기 한양의 번영은 곧 지방의 침체와 불균형의 그림자와 맞물려 있었다. 수도의 화려한 발전은 지방의 희생 위에 세워진 것이었으며, 이는 결국 사회 불안과 저항을 낳았다.

오늘날 수도권 집중과 지방 소멸 위기를 마주한 한국 사회는 조선 후기의 경험에서 분명한 교훈을 얻어야 한다. 수도만이 아니라 지방도 함께 성장할 때, 국가 경제는 지속 가능성을 확보할 수 있다.

호남 곡창지대와 국가 경제

호남평야의 형성과 경제적 기반

　호남은 예로부터 한국의 곡창지대로 불렸다.

　첫째, 지리적 조건이다. 전라도 일대의 넓은 평야와 온화한 기후, 풍부한 강수량은 벼농사에 최적화된 환경을 제공했다. 영산강·섬진강 유역과 김제·만경·동진 평야는 대규모 벼농사를 가능하게 했다.

　둘째, 농업 생산력의 확대다. 조선 후기 이앙법의 확산과 농업 기술의 발달은 호남 지역의 쌀 생산을 크게 늘렸다. 풍부한 생산량은 단순한 지역적 자급을 넘어, 국가 전체의 식량 기반을 떠받쳤다.

　셋째, 국가 재정의 원천이다. 조선은 전국에서 거둔 세곡 중 상당 부분을 호남에서 충당했다. 호남 곡창지대는 조선 왕조의 재정적 토대이자 국가 운영의 핵심 기반이 되었다.

곡창지대의 역할과 사회적 모순

호남 곡창지대는 국가 경제를 떠받치는 동시에, 지역적 불균형과 모순을 드러냈다.

첫째, 세곡의 집중 수탈이다. 호남의 풍부한 생산량은 국가에 집중적으로 징수되었고, 지역민들에게는 과도한 부담으로 돌아왔다. 조운선을 통한 세곡 운송은 한양 경제의 혈맥이었지만, 지역 주민에게는 착취 구조였다.

둘째, 지방 개발의 소외다. 호남은 곡물 공급지로만 기능했을 뿐, 지역 자체의 산업 발전과 재투자는 부족했다. 수도와 중앙의 번영이 곡창지대의 희생 위에 세워진 셈이다.

셋째, 사회적 불만의 분출이다. 세금과 수탈에 시달린 농민들은 끊임없이 저항했다. 임꺽정의 난, 동학농민운동 등은 호남 농민의 경제적 억압에서 비롯된 대표적 사건이었다. 호남은 곡창지대이면서 동시에 민란의 진원지였다.

넷째, 지역 차별의 고착화다. 호남은 국가 경제를 지탱했지만, 정치·사회적으로는 차별받았다. 조선 후기와 일제 강점기, 그리고 현대에 이르기까지 호남 소외 문제는 역사적 뿌리를 가진 구조적 불평등이었다.

역사적 의의와 교훈

호남 곡창지대와 국가 경제의 관계는 오늘날에도 중요한 교훈을
준다.

첫째, 지역 자원의 공정한 분배다. 특정 지역이 국가 경제를 뒷받침
하면서도 혜택받지 못한다면, 불만과 갈등은 필연적이다. 경제적 기
여에 상응하는 보상과 투자가 필요하다.

둘째, 균형발전의 필요성이다. 수도권과 특정 산업 중심의 불균형
발전은 호남 사례와 같이 구조적 불만을 낳는다. 지역 경제의 자율
성과 재투자가 뒷받침되어야 국가 전체의 지속 가능성이 높아진다.

셋째, 민생 안정과 사회 통합이다. 곡창지대는 단순한 생산지가 아
니라, 민생과 직결되는 공간이다. 농민의 삶을 외면한 채 국가 재정
만 유지하려는 태도는 장기적으로 사회적 균열을 심화시킨다.

넷째, 오늘날 교훈은 명확하다. 지역이 국가를 지탱할 때, 국가는
반드시 지역을 지켜야 한다. 호남 곡창지대의 경험은 지역 균형발전
과 사회적 정의의 중요성을 웅변한다.

호남 곡창지대는 한국 경제사에서 국가를 떠받친 핵심 기반이었다.
그러나 그 번영은 지역민의 고통과 소외 위에 세워진 측면이 컸다.

오늘날 수도권 집중과 지역 불균형 문제를 바라볼 때, 호남의 경험
은 분명한 교훈을 준다. 지역의 희생 위에 수도의 번영이 세워지는
구조는 지속 가능하지 않다. 지역과 수도가 함께 성장하는 균형발전
전략이야말로, 역사 속 교훈이 우리에게 전하는 메시지다.

개항장 인천·부산의 상권 변화

개항과 도시 상권의 형성

19세기 후반, 조선이 서구 열강과 일본에 문호를 개방하면서 인천과 부산은 개항장 도시로 떠올랐다.

첫째, 부산의 선구적 개항이다. 부산은 1876년 강화도 조약으로 가장 먼저 개항되었다. 일본 상인들이 대거 진출하면서 항만과 시장을 장악했고, 부산은 곧 일본 경제의 전진기지로 변모했다. 조선 상인들은 경쟁에서 밀려 주변부로 밀려났다.

둘째, 인천의 개항과 성장이다. 1883년 인천이 개항되자, 중국과 서구 상인들이 들어와 국제 무역항으로 발전했다. 서울과 가까운 지리적 이점은 인천을 한양 경제와 직결된 교역 중심지로 만들었다.

셋째, 조계지와 상권 분할이다. 외국인 거류지가 형성되면서 도시 내부의 상권이 이중 구조로 나뉘었다. 외국 상인은 근대식 상점과 금융기관을 운영하며 상권의 핵심을 장악했고, 조선 상인은 전통적 시장과 잡화를 중심으로 주변부 상권에 머물렀다.

넷째, 항만 개발과 물류 중심지화다. 철도와 항만이 연결되면서 인천과 부산은 조선 물자의 집산지로 기능했다. 쌀, 콩, 광물 등 주요 수출품이 이곳을 통해 빠져나갔으며, 근대적 상업 기반이 형성되었다.

상권 변화와 지역경제의 양극화

개항장 상권은 곧 외세 주도와 지역 불균형으로 이어졌다.

첫째, 외국 상인의 상권 장악이다. 일본 상인은 부산에서, 청과 서구 상인은 인천에서 도매와 금융을 독점했다. 조선 상인은 중개 역할에 한정되었고, 근대적 자본 축적에서 소외되었다.

둘째, 농산물 수탈 구조다. 호남과 충청에서 생산된 쌀과 콩이 인천을 통해 일본으로 대량 수출되었다. 농민은 높은 조세와 낮은 가격에 시달렸고, 국내 시장은 불안정해졌다. 부산 역시 일본으로의 수출 통로로 기능하며 식민지적 교역 구조가 강화되었다.

셋째, 도시 발전의 불균형이다. 인천과 부산은 개항 이후 급속히 성장했으나, 그 이익은 외국 상인과 일부 국내 중개 상인에게 집중되었다. 도시 내부에서도 조계지와 토착민 지역 간 격차가 뚜렷해졌다.

넷째, 금융·산업 기반의 취약이다. 외국 자본은 은행과 무역회사를 세워 자본을 장악했지만, 조선은 근대 금융기관 설립이 늦어 상권 경쟁에서 밀렸다. 이는 훗날 일제 식민지 금융 지배의 토대가 되었다.

역사적 의의와 교훈

개항장 인천·부산의 상권 변화는 오늘날에도 중요한 시사점을 던진다.

첫째, 개방의 양면성이다. 개항은 조선을 세계 경제에 연결했지만, 준비되지 않은 개방은 곧 외세의 경제적 지배로 이어졌다. 이는 경제 주권의 중요성을 일깨운다.

둘째, 상권 장악의 불평등 구조다. 외국 세력이 상권을 장악했지만, 조선 상인은 배제되었다. 이는 지역 발전이 곧 민족경제의 희생으로 이어질 수 있음을 보여준다.

셋째, 도시 성장과 사회 불균형이다. 인천과 부산은 근대 도시로 성장했지만, 그 내부에는 조계지와 토착민 지역의 격차가 심화했다. 오늘날 도시 재개발과 원도심 쇠퇴 문제와 유사한 교훈을 준다.

넷째, 오늘날 교훈은 명확하다. 개방은 주권적 준비와 제도적 장치가 뒷받침될 때만이, 진정한 발전으로 이어진다. 개항장의 경험은 균형 잡힌 발전과 지역 상권 보호의 중요성을 웅변한다.

인천과 부산은 개항을 계기로 국제 교역 도시로 성장했지만, 그 번영은 외세의 지배와 지역민의 소외 위에 세워진 것이었다.

오늘날 한국이 자유무역과 글로벌화 속에서 얻어야 할 교훈은 명확하다. 개방하되, 지역 상권과 민생을 지킬 제도적 기반을 마련해야 한다. 인천과 부산의 경험은 지역경제 발전이 곧 국가 경제의 주권과 직결된다는 사실을 보여준다.

산업화와 수도권 집중

산업화와 수도권의 급성장

1960~70년대 한국 경제는 압축 성장의 길을 걸었다. 그 과정에서 수도권 집중 현상이 본격화했다.

첫째, 경제개발계획과 수도권 우선 투자다. 제1차 경제개발 5개년 계획(1962~1966) 이후 정부는 수출지향 산업화를 추진했다. 인천항과 서울의 금융·행정 기능, 경기도의 넓은 토지는 수도권을 산업 입지로 최적화시켰다. 이에 따라 수도권에 대규모 공단과 기반 시설이 집중되었다.

둘째, 인구의 수도권 유입이다. 농촌 인구는 산업화 과정에서 일자리를 찾아 서울·인천·수원 등지로 몰려들었다. 1970년대 서울 인구는 1,000만을 넘어 '메가시티'로 성장했다. 수도권은 전국 인구의 절반 가까이 흡수하는 인구 블랙홀로 변모했다.

셋째, 행정과 교육 기능의 집중이다. 중앙 정부, 대학, 금융기관, 언론사 등이 모두 서울에 집중되면서 수도권은 정치·경제·문화의 절대적 중심지로 자리 잡았다. 이는 지역 경제의 상대적 소외를 심화시키는 구조적 배경이 되었다.

지역 불균형의 심화와 문제점

산업화와 수도권 집중은 단기적 성장에는 기여했으나, 지역 불균형과 사회적 문제를 심화시켰다.

첫째, 지역 산업의 침체다. 영남권을 제외한 다수 지역은 산업화에서 소외되었다. 호남과 강원, 충청 일부 지역은 농업 의존도가 높아져 발전 격차가 커졌다. 지역 간 소득 불균형은 사회적 갈등의 뿌리가 되었다.

둘째, 주택과 도시 문제다. 수도권 급성장은 주택난, 교통난, 환경오염을 초래했다. 판자촌과 무허가 주택이 확산했고, 도심 과밀화는 사회적 불안을 야기했다.

셋째, 지방 인재 유출이다. 지방의 우수한 학생과 청년층이 서울로 몰리면서 지방 대학과 산업의 경쟁력이 약화했다. 수도권 중심의 교육·취업 구조는 지역 발전의 자생력을 약화했다.

넷째, 사회적 불만과 갈등이다. 수도권은 성장의 과실을 독점했지만, 지방은 발전 기회를 빼앗겼다. 이는 정치적 갈등과 지역주의의 근원이 되었으며, 균형발전이 국가적 과제로 부상했다.

역사적 의의와 교훈

산업화와 수도권 집중의 경험은 오늘날에도 중요한 시사점을 준다.

첫째, 압축 성장의 양면성이다. 수도권 집중은 빠른 성장과 효율성을 가능케 했지만, 지방 소외와 불균형이라는 대가를 치렀다. 성장과 균형의 조화를 이루지 못하면 장기적 지속 가능성이 흔들린다.

둘째, 균형발전 정책의 필요성이다. 지방을 단순한 노동력과 자원의 공급지가 아니라, 독자적 성장 거점으로 육성해야 한다. 산업단지, 대학, 공공기관의 지방 이전은 이런 문제의식에서 비롯되었다.

셋째, 지속 가능한 도시 발전이다. 수도권 과밀은 교통, 환경, 주거 문제를 야기했다. 이는 오늘날에도 여전히 해결되지 않은 과제로 남아 있다. 수도권 집중을 완화하고, 다핵 분산형 도시 체제를 구축해야 한다.

넷째, 오늘날 교훈은 분명하다. 산업화의 성과를 전국이 공유하지 못하면, 성장 자체가 불평등을 심화시키는 구조로 전락한다. 수도권과 지방이 함께 성장할 수 있는 전략이 필요하다.

산업화와 수도권 집중은 한국 경제 발전의 빛과 그림자를 동시에 보여준다. 수도권은 성장의 엔진이었지만, 그 번영은 지방의 소외와 불균형 위에 세워졌다.

오늘날 수도권 집중 문제를 해결하지 못한다면, 한국 경제의 지속 가능성은 위협받을 수밖에 없다. 역사가 전하는 교훈은 명확하다. 수도권과 지방이 공존하는 균형발전 전략만이 국가의 미래를 보장한다.

지방자치와 지역 균형발전 정책

지방자치의 부활과 의의

지방자치는 단순히 행정의 분권화를 넘어, 지역 경제와 균형발전의 출발점이었다.

첫째, 역사적 배경이다. 해방 이후 지방자치는 1952년 지방선거로 시작되었으나, 군사정권 시절 중단되었다. 1991년 지방의회 선거, 1995년 지방자치단체장 선거가 부활하면서 본격적 지방자치 시대가 열렸다. 이는 중앙집권 구조를 분산시키고, 지역 주민이 스스로 발전 전략을 선택할 수 있는 길을 열었다.

둘째, 민주주의 심화다. 지방자치는 주민 참여를 제도화하며 정치적 민주주의를 경제적 민주주의로 확장했다. 지역 주민이 세금의 사용처를 결정하고, 지역의 미래를 스스로 설계할 수 있다는 점에서 큰 의미가 있다.

셋째, 경제 발전의 새로운 동력이다. 지역 특성을 반영한 맞춤형 발전 전략이 가능해졌다. 관광·농업·제조업·서비스업 등 각 지역이 가진 자원과 장점을 살려 차별화된 경제 모델을 구축할 수 있었다.

균형발전 정책의 전개와 한계

한국은 수도권 집중을 완화하고 지역을 살리기 위해 다양한 균형발전 정책을 시행해 왔다.

첫째, 행정수도 이전 시도다. 참여정부 시절 충청권으로의 행정수도 이전이 추진되었고, 세종시가 건설되었다. 이는 수도권 집중을 완화하고 국가 행정 기능을 분산하려는 시도의 산물이었다.

둘째, 혁신도시와 공공기관 이전이다. 지역 균형발전 정책의 핵심은 공공기관 이전이었다. 혁신도시를 중심으로 공공기관과 연구기관을 지방에 배치하여 지역 성장 거점을 형성하려 했다. 이는 지역 고용 창출과 인구 유입에 일정한 효과를 주었다.

셋째, 지역 산업 육성이다. 광역경제권 전략, 지역특화산업 육성, 자유무역지역 지정 등 다양한 정책이 시행되었다. 그러나 중앙 정부 주도의 일률적 접근이 많아 지역 자체의 자율적 혁신 동력이 부족했다는 한계도 드러났다.

넷째, 정치·재정적 한계다. 지방자치는 제도적으로 부활했지만, 지방 재정의 상당 부분이 중앙 정부 이전 재원에 의존하고 있다. 실질적 자치보다는 중앙의 통제 아래 제한된 권한을 행사하는 구조적 한계가 뚜렷하다.

역사적 의의와 교훈

지방자치와 균형발전 정책은 오늘날 한국 사회가 풀어야 할 핵심 과제를 보여준다.

첫째, 진정한 자치의 필요성이다. 제도적 장치만으로는 충분하지 않다. 지방이 자율적으로 재정과 정책을 운용할 수 있어야 진정한 자치가 가능하다.

둘째, 지역 특성에 맞는 발전 전략이다. 획일적 개발 정책은 실패하기 쉽다. 호남의 농업, 영남의 제조업, 강원의 산림 자원, 충청의 행정 기능 등 지역별 특성을 살려야 지속 가능한 발전이 가능하다.

셋째, 수도권 집중 해소의 중요성이다. 균형발전은 단순한 지방 지원이 아니라 국가 전체의 지속 가능성과 직결된다. 수도권 과밀 문제와 지방 소멸 위기를 동시에 해결하는 종합 전략이 필요하다.

넷째, 오늘날 교훈은 분명하다. 지방자치가 제대로 작동할 때만이 균형발전은 현실이 된다. 중앙과 지방이 협력하는 분권형 발전 전략이야말로 한국 경제의 미래를 좌우한다.

지방자치와 균형발전 정책은 단순한 지역 문제가 아니라, 국가의 존립과 지속 가능성에 직결된 사안이다.

역사가 보여주듯, 수도권 집중과 지방 소외는 사회 갈등과 불평등을 낳는다. 따라서 국가 발전 전략의 핵심은 지역이 스스로 성장할 힘을 기르는 것이다. 지방자치가 진정한 분권과 균형발전으로 이어질 때, 한국 경제는 더욱 단단한 기반 위에서 지속해서 성장할 수 있을 것이다.

접경지역·도농 복합도시의 미래 전략

접경지역의 특성과 과제

한국의 접경지역은 지정학적 긴장과 경제적 한계를 동시에 안고 있다.

첫째, 군사적 규제와 개발 제약이다. 비무장지대(DMZ)와 인접한 파주·철원·연천 등은 군사적 안보 논리로 인해 산업 개발이 제한됐다. 토지 이용과 인프라 확충이 제약되면서 경제 발전이 늦어졌다.

둘째, 경제적 소외와 인구 유출이다. 접경지역은 수도권에 위치하면서도 발전의 과실을 충분히 누리지 못했다. 산업 기반 부족과 일자리 한계로 인해 청년층은 수도권 중심부로 빠져나갔고, 고령화가 심화했다.

셋째, 평화 경제의 잠재력이다. 남북 관계가 개선될 경우 접경지역은 교류·협력의 전진기지로 기능할 수 있다. 물류·관광·농업 협력 등 다양한 가능성이 열려 있으며, 이는 국가 경제의 새로운 성장 축이 될 수 있다.

넷째, 생태·문화 자원의 보고다. DMZ 일대는 세계적으로 드문 생태 보존 지역이며, 동시에 분단사의 상징적 공간이다. 접경지역은 안보·생태·문화가 결합한 독특한 자산을 보유하고 있다.

도농 복합도시의 도전과 기회

한국의 많은 지방 도시는 농업과 도시 기능이 결합한 도농 복합도시의 성격을 띤다.

첫째, 산업구조의 이중성이다. 도농 복합도시는 농업 기반을 유지하면서도 제조업·서비스업이 부분적으로 결합해 있다. 하지만 산업 간 연계가 부족하고, 경쟁력이 분산되는 한계가 있다.

둘째, 인구 감소와 고령화다. 농촌 지역의 인구 유출이 지속되면서 도농 복합도시는 인구 구조가 급격히 약화하고 있다. 청년층 부족은 노동력 감소뿐 아니라 지역 공동체 유지에도 위기를 초래한다.

셋째, 스마트 농업과 6차 산업의 기회다. 도농 복합도시는 농업과 첨단 기술을 결합할 수 있는 최적의 실험장이 될 수 있다. 스마트팜, 농촌 관광, 가공 산업을 결합한 6차 산업 모델은 새로운 성장 가능성을 제시한다.

넷째, 생활권 통합의 필요성이다. 도농 복합도시는 도시와 농촌의 경계가 모호하므로, 교통·교육·문화 인프라를 통합적으로 설계하는 것이 중요하다. 이는 주민 삶의 질을 높이고, 인구 유출을 막는 핵심 과제다.

미래 전략과 역사적 교훈

접경지역과 도농 복합도시는 한국 경제의 균형발전을 위해 새로운 전략적 접근이 필요하다.

첫째, 평화 경제의 제도화다. 남북 관계의 불확실성에 휘둘리지 않고, 접경지역을 국제 협력·관광·물류의 거점으로 단계적으로 육성해야 한다. 이는 접경지역을 국가 성장의 사각지대가 아니라 전략지대로 전환하는 길이다.

둘째, 스마트 도시와 농업 융합이다. 도농 복합도시는 디지털 기술과 친환경 농업을 접목해 차세대 농촌 모델을 창출해야 한다. 이는 지역 경제의 자생력을 강화하고, 청년층 유입을 유도할 수 있다.

셋째, 지방분권과 맞춤형 정책이다. 접경지역과 도농 복합도시는 중앙의 일률적 개발 전략이 아니라, 지역 특성을 반영한 맞춤형 정책이 필요하다. 지역 스스로 기획하고 실행할 수 있는 자치 역량이 강화되어야 한다.

넷째, 역사가 주는 교훈이다. 수도 집중과 지방 소외가 반복될 때마다 사회 불만과 갈등이 폭발했다. 접경지역·도농 복합도시는 바로 그 균형발전의 시험대이며, 여기서 성공하지 못하면 국가 전체의 지속 가능성이 위협받는다.

접경지역과 도농 복합도시는 한국 경제의 새로운 균형 축이 될 수 있다. 군사적 제약과 인구 유출이라는 한계를 넘어, 평화 경제와 스마트 농업이라는 기회를 살린다면 미래 성장의 핵심 거점으로 도약할 수 있다.

오늘날 우리가 얻어야 할 교훈은 명확하다. 지역은 국가의 변방이 아니라, 미래를 여는 전진기지다. 접경지역과 도농 복합도시에 대한 전략적 투자와 균형발전이야말로 한국 경제의 지속 가능성을 지키는 길이다.

제9부

세계 속 한국 경제

- 변방에서 중심으로, 외교의 경제학

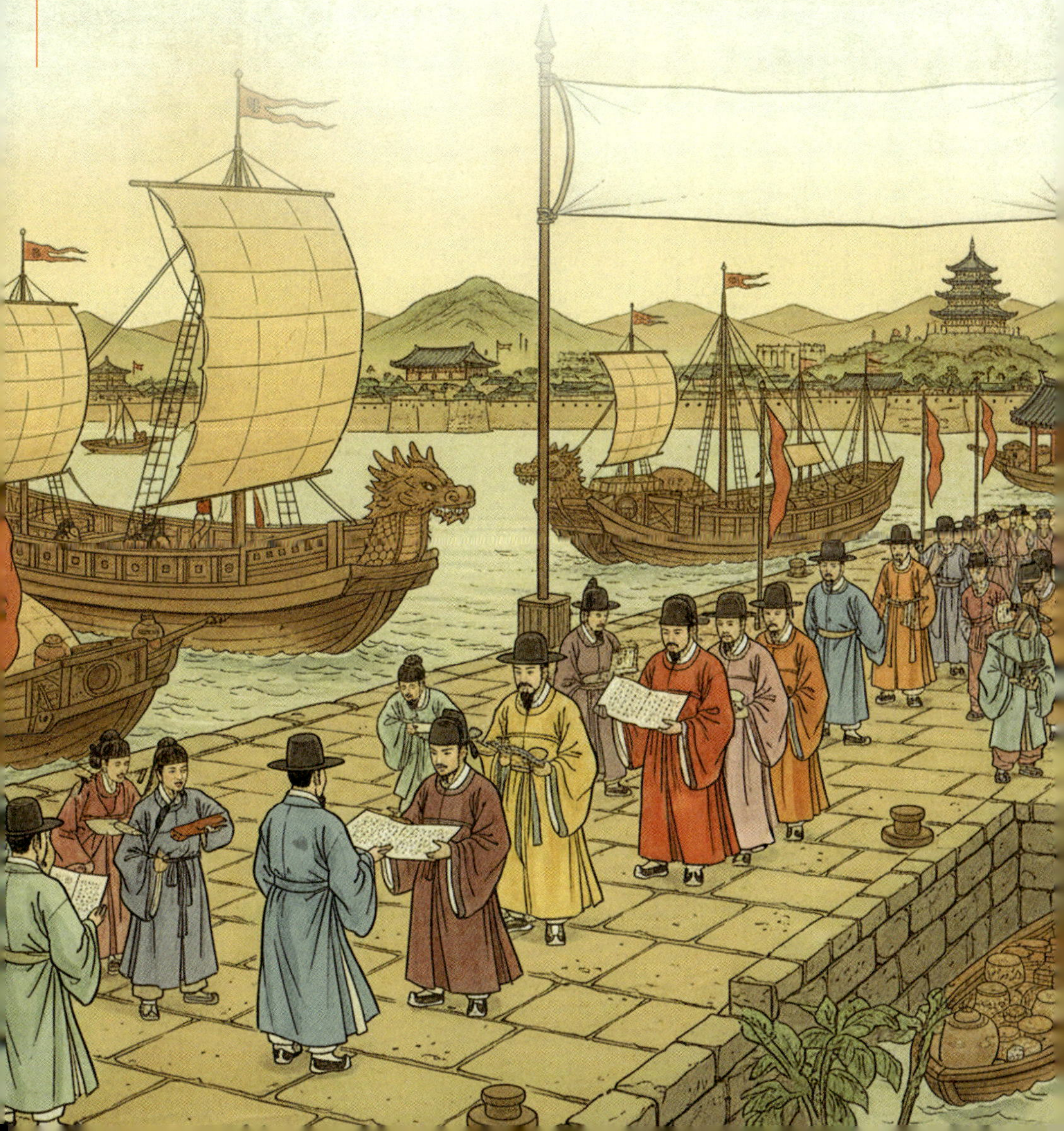

한국 경제는 언제나 세계질서의 변동 속에서 움직였다. 고려의 송 교역, 조선의 조공무역, 청일·러일전쟁의 희생, 미군정기의 냉전 경제, 한미동맹과 개발 협력, 그리고 WTO·FTA의 세계화까지. 우리는 늘 '세계의 구조' 안에서 경제의 방향을 찾아야 했다.

트럼프의 보호무역, 중국의 공급망, AI 시대의 기술 패권. 이 모든 것은 『한국사 경제학』이 다루는 새로운 외교 경제의 무대다.

세계 속의 한국 경제는 이제 변방이 아니라 중심이다. 과거의 굴레 를 벗고, 역사의 기억을 가진 경제로 다시 선다.

동아시아 질서와
고려·조선의 경제외교

동아시아 국제 질서와 교역 구조

고려와 조선은 동아시아 국제 질서 속에서 경제외교를 전개하며 생존과 번영을 모색했다.

첫째, 조공·책봉 체제의 영향이다. 중국을 중심으로 한 중화 질서에서 고려와 조선은 조공국으로 편입되었다. 중국에 사신을 보내 예물을 바치고, 대신 책봉과 무역 특권을 얻는 구조였다. 이는 정치적 종속성을 내포했지만, 동시에 안정적 교역의 틀을 제공했다.

둘째, 국제 무역의 다층적 성격이다. 고려는 송·원과의 교역을 통해 선진 문물을 받아들이는 동시에, 은·인삼·삼베 등을 수출했다. 조선은 명·청과의 교역을 유지하며, 일본·여진과도 교역망을 구축했다. 동아시아 교역은 단순한 조공 외교가 아니라, 실질적 경제 활동의 장이었다.

셋째, 해양 네트워크의 확장이다. 고려 말과 조선 전기에는 동아시아 해상무역이 활성화되었다. 특히 고려 말 장수 장보고의 해상 네트워크는 한국 경제의 국제적 연계를 보여주는 대표적 사례였다.

고려·조선의 경제외교 전략

경제외교는 단순한 외교 수단이 아니라, 국가 생존과 경제 발전의 전략이었다.

첫째, 고려의 실리 외교다. 고려는 송과의 무역에서 비단·책·자기를 수입하고, 은과 인삼을 수출하며 막대한 이익을 거두었다. 원 간섭기에는 공녀와 공물을 바치는 정치적 굴욕을 겪었지만, 동시에 원의 선진 제도와 문물을 받아들여 제도 개혁의 계기로 삼았다.

둘째, 조선의 명·청 외교다. 조선은 명나라와의 사대 외교를 통해 안정적 교역을 확보했다. 책봉 체제를 수용하면서도 은·인삼·인쇄술 등을 교류했다. 청나라가 부상한 이후에도 현실적 외교 노선을 택해 국제 교역을 유지했다.

셋째, 대일 교역과 해적 대응이다. 고려와 조선은 일본과의 교역을 통해 구리·황·마필을 수입하고, 곡물과 인삼을 수출했다. 그러나 왜구의 침입은 큰 위협이었고, 이를 해결하기 위한 외교적·군사적 대응이 병행되었다.

넷째, 다변화 전략의 필요성이다. 고려와 조선은 중국 중심의 질서에 종속되면서도, 일본·여진·동남아와의 교역을 통해 경제적 다변화를 시도했다. 이는 자원 확보와 외교적 균형을 위한 전략이었다.

역사적 의의와 교훈

고려와 조선의 경제외교 경험은 오늘날 한국의 대외 경제 전략에 중요한 교훈을 준다.

첫째, 강대국 질서 속의 생존 전략이다. 고려와 조선은 중국 중심 질서 속에서 실리를 추구하며 국가의 존속과 번영을 도모했다. 이는 오늘날 미·중 경쟁 속 한국의 외교 전략과 유사한 맥락을 지닌다.

둘째, 무역을 통한 경제 발전이다. 국제 교역은 단순한 외교 활동이 아니라, 국가 경제 발전의 핵심 동력이었다. 고려청자, 조선 인삼은 동아시아 시장에서 높은 경쟁력을 발휘했다.

셋째, 자율성과 종속성의 긴장이다. 조공·책봉 체제는 정치적 종속을 강요했지만, 동시에 경제적 기회를 제공했다. 이는 국제 질서 속에서 약소국이 어떻게 외교적 균형을 찾을 수 있는지를 보여준다.

넷째, 오늘날 교훈은 명확하다. 경제외교는 국가 생존의 문제다. 단순한 교역 확대가 아니라, 국제 질서 속에서 전략적 균형을 찾고, 자율성을 확보하는 것이 중요하다.

동아시아 질서 속에서 고려와 조선의 경제외교는 종속과 자율, 위기와 기회의 교차점이었다. 중국 중심의 질서에 편입되면서도 일본·동남아와의 교역을 통해 경제적 활로를 찾은 전략은 오늘날에도 유효한 교훈을 남긴다.

역사가 보여주듯, 한국 경제는 언제나 국제 질서와 깊이 연결되어 있었다. 따라서 오늘날 한국의 과제는 글로벌 질서 속에서 균형 있는 경제외교를 전개하고, 자율성을 강화하는 것이다.

청일·러일전쟁과
한반도 경제의 희생

한반도를 둘러싼 열강의 각축

19세기 말에서 20세기 초, 한반도는 동아시아 국제 질서의 격전지였다.

첫째, 청과 일본의 대립이다. 조선은 전통적으로 중국 청나라의 조공국이었으나, 일본은 메이지유신 이후 근대화를 통해 세력을 확장하며 조선에 영향력을 행사하려 했다. 조선은 청과 일본 사이에서 줄다리기했고, 이는 곧 청일전쟁(1894~1895)으로 이어졌다.

둘째, 청일전쟁의 결과다. 일본은 전쟁에서 승리하며 조선에서 청의 종주권을 배제했다. 시모노세키조약을 통해 청은 대만을 할양하고 배상금을 지불했으며, 조선은 명목상 독립국이 되었지만 실제로는 일본의 영향력이 급격히 확대되었다.

셋째, 러시아의 개입과 갈등이다. 일본의 세력 확장에 러시아가 맞섰다. 조선에서 군사적·경제적 영향력을 확보하려는 러시아와 일본의 경쟁은 러일전쟁(1904~1905)으로 이어졌다. 한반도는 청·일·러 열강의 충돌 무대가 되었다.

넷째, 한반도의 전략적 가치다. 조선은 동아시아 교역로와 군사 전략상 핵심 지역이었다. 열강은 이를 발판으로 만주와 중국 내륙, 나아가 태평양으로 진출하려 했다. 조선의 운명은 외세의 이해관계 속에서 결정되었다.

전쟁 속 한반도의 경제적 피해

청일·러일전쟁은 조선을 전쟁터로 만들었고, 그 결과 한반도 경제는 심각한 피해를 보았다.

첫째, 전쟁 물자와 자원의 수탈이다. 일본은 전쟁 수행을 위해 조선의 곡물·목재·광물을 대규모로 수탈했다. 이는 국내 농민과 상공업자들의 생활을 극도로 피폐하게 만들었다.

둘째, 인프라 개발의 왜곡이다. 일본은 군사적 목적을 위해 철도·항만을 건설했지만, 이는 조선의 경제 발전을 위한 것이 아니었다. 경부선·경의선 철도는 군수 물자 수송과 식민 지배 기반 마련을 위한 도구였다.

셋째, 재정 파탄과 경제 종속이다. 전쟁 비용과 일본의 강압적 차관 도입으로 조선의 재정은 파탄 났다. 일본은 화폐 개혁과 중앙은행 설립을 통해 금융 지배를 강화했고, 이는 조선 경제를 종속시키는 구조적 기반이 되었다.

넷째, 민생의 붕괴다. 농민들은 세금과 수탈로 인해 토지를 잃고 소작농으로 전락했다. 시장은 일본 상인과 자본에 장악되었고, 조선 상공업은 몰락했다. 전쟁은 단순한 외교적 사건이 아니라, 조선 민중의 삶을 파괴하는 경제적 재앙이었다.

역사적 의의와 교훈

청일·러일전쟁과 한반도 경제의 희생은 오늘날에도 중요한 교훈을 남긴다.

첫째, 약소국의 비극이다. 조선은 독자적 경제·군사적 기반이 취약했기에 외세의 각축장이 되었다. 국가의 자율성이 부재한 가운데, 경제적 희생은 피할 수 없었다.

둘째, 근대화 지연의 대가다. 일본은 메이지유신을 통해 근대화를 추진했지만, 조선은 내부 개혁이 지체되었다. 자주적 근대화를 이루지 못한 대가는 외세의 경제적 지배로 이어졌다.

셋째, 경제 주권의 중요성이다. 조선은 외세의 차관과 화폐 개혁에 종속되면서 경제 주권을 상실했다. 이는 국가 독립과 번영이 경제적 자율성에 달려 있음을 보여준다.

넷째, 오늘날 교훈은 분명하다. 국제 질서 속 약소국은 언제든 희생양이 될 수 있다. 따라서 자율적 경제 기반과 균형 잡힌 외교 전략을 구축해야 한다.

청일·러일전쟁은 한반도의 지정학적 비극을 집약적으로 보여준다. 조선은 열강의 이해관계 속에서 경제적 희생을 강요받았고, 이는 곧 일제 식민지 지배의 길로 이어졌다.

　오늘날 한국이 이 시기를 돌아보아야 하는 이유는 명확하다. 경제적 자율성과 주권 없는 번영은 불가능하다. 역사는 약소국의 비극을 반복하지 않기 위해, 강력한 경제 기반과 자주적 외교의 필요성을 일깨운다.

미군정 경제정책과 냉전 구도

해방 직후 경제 혼란과 미군정의 등장

1945년 8월 해방은 민족의 숙원이었으나, 동시에 경제적 혼란의 시작이기도 했다.

첫째, 식민지 경제 구조의 붕괴다. 일제 강점기 동안 한국 경제는 일본 본토에 종속된 구조였다. 해방과 함께 일본인 자본·인력이 철수하면서 산업 생산이 급감했고, 시장은 혼란에 빠졌다.

둘째, 식량 부족과 물가 폭등이다. 해방 직후 농업 생산은 전시 동원 체제와 기후 악화로 급격히 줄었고, 도시에서는 식량난이 심각했다. 물가는 통제 불능 상태로 치솟았으며, 암시장이 성행했다.

셋째, 미군정의 개입이다. 38선 이남을 점령한 미군정(USAMGIK)은 군사적 통치와 동시에 경제 운영을 맡았다. 그러나 그들의 정책은 한국 사회의 특수성을 충분히 이해하지 못한 채 시행된 경우가 많았다.

넷째, 경제 주권 부재의 문제다. 해방된 조선은 독자적 정부나 제도 없이 미군정의 관리 아래 놓였고, 이는 한국 경제가 자율적 길을 찾기 어렵게 만들었다.

미군정 경제정책과 냉전의 그림자

미군정의 경제정책은 단순한 경제 안정 조치가 아니라, 냉전 질서 속에서 미국 전략의 일부였다.

첫째, 화폐 개혁과 금융정책이다. 미군정은 조선 은행권을 미군정 화폐로 대체하고 금융 시스템을 통제했다. 그러나 잦은 화폐 개혁과 불안정한 정책으로 인플레이션은 오히려 심화했다.

둘째, 토지 문제와 농지개혁 시도다. 미군정은 농민의 불만을 달래기 위해 농지개혁을 검토했지만, 실제 실행은 미흡했다. 대지주의 토지 소유 구조는 크게 변하지 않았고, 농민의 불만은 커졌다. 이 문제는 1950년대 대한민국 정부 수립 이후 본격적으로 해결되었다.

셋째, 물자 공급과 원조 경제다. 미군정은 미국의 원조 물자를 수입해 시장에 공급했다. 밀가루, 의류, 기계 등이 들어왔지만, 이는 자립적 산업 육성보다는 원조 의존적 경제 구조를 심화시켰다.

넷째, 냉전 전략의 반영이다. 미군정은 단순히 경제를 안정시키려는 것이 아니라, 한반도를 반공 방파제로 만들려는 전략적 의도가 있었다. 따라서 좌익 세력의 경제 활동은 억압하고, 우익 중심의 경제 기반을 육성했다.

역사적 의의와 교훈

미군정 경제정책은 해방 한국 경제의 출발점이자, 동시에 냉전 질서의 틀을 만든 계기였다.

첫째, 경제적 자율성의 부재다. 해방 직후 한국은 스스로 경제정책을 설계할 권한이 없었고, 외세의 지배 아래 놓였다. 이는 독립국으로서 경제 주권이 얼마나 중요한지를 보여준다.

둘째, 분단과 냉전 구조의 고착이다. 미군정은 남한을 반공 전초기지로 삼으며 경제를 운영했다. 이는 북한의 소련식 계획경제와 대비되는 자본주의적 경제 질서를 형성했지만, 동시에 한반도 분단을 심화시켰다.

셋째, 원조 의존 경제의 시작이다. 미군정 시기 미국 원조는 한국 경제를 일시적으로 안정시켰지만, 자립적 성장 기반을 약화했다. 이후 한국은 장기간 원조 의존에서 벗어나기 위해 고군분투해야 했다.

넷째, 오늘날 교훈은 분명하다. 외세 주도적 경제는 장기적 발전을 담보하지 못한다. 자율성과 주권 없는 경제 구조는 언제든 국제 정치에 휘둘릴 수밖에 없다.

미군정 경제정책과 냉전 구도는 해방 한국 경제의 기원을 형성했다. 혼란 속에서 미군정은 통제를 시도했으나, 이는 자율적 발전보다는 냉전 전략에 종속된 성격이 강했다.

오늘날 한국은 이 경험을 통해 배워야 한다. 경제 주권을 확립하고, 외부 의존을 최소화하며, 국제 정치 속에서 자율적 경제 전략을 추구하는 것이야말로 역사가 남긴 교훈이다.

한미동맹과 경제개발 파트너십

한미동맹의 성립과 경제적 의미

1953년 한국전쟁 정전협정 체결 이후, 한국은 안보뿐 아니라 경제 재건에서도 미국에 크게 의존했다.

첫째, 한미 상호방위조약(1953) 체결이다. 이 조약은 군사적 동맹의 성격을 띠었지만, 동시에 경제개발 파트너십의 기초를 놓았다. 한국은 안보 보장을 받는 대가로 미국의 경제 원조를 받아들이는 구조가 형성되었다.

둘째, 미국 원조의 성격이다. 1950년대 한국 경제는 미국 원조 없이는 유지될 수 없었다. 식량, 의약품, 공산품은 물론, 산업 원자재와 자본재까지 대부분 원조에 의존했다. 이는 생존을 가능케 했지만, 원조 의존적 경제라는 구조적 한계를 남겼다.

셋째, 안보와 경제의 결합이다. 미국은 한국을 냉전의 전초기지로 삼았고, 원조는 군사 안보와 직결되었다. 이는 한국 경제가 단순한 개발 문제가 아니라 국제 전략의 일부였음을 보여준다.

경제개발 파트너십의 전개

1960년대 이후 한미동맹은 단순한 원조 관계를 넘어, 경제개발 파트너십으로 전환되었다.

첫째, 개발계획과 미국의 지원이다. 박정희 정부는 경제개발 5개년 계획을 수립하며, 미국의 원조와 차관을 적극적으로 활용했다. 미국은 국제기구를 통해 한국에 투자와 차관을 연결했고, 한국은 이를 바탕으로 산업화를 추진했다.

둘째, 수출지향 전략의 촉진이다. 미국 시장은 한국 제품의 초기 수출 무대였다. 미국의 시장 개방과 우호적 통상 정책은 한국 수출 산업의 성장에 결정적으로 기여했다.

셋째, 군사 원조와 경제 효과다. 베트남전 참전 대가로 미국이 제공한 군사·경제 지원은 한국 기업의 해외 진출을 촉진했고, 외화 확보에 큰 도움을 주었다. 이는 '근대화 자금'으로 전환되며 산업화를 가속했다.

넷째, 기술·제도적 전수다. 미국은 경제학, 경영학, 농업 기술 등 다양한 분야에서 한국에 지식을 전수했다. 한국의 경제관료와 기업인 다수가 미국에서 교육받으며 근대적 경제 제도의 토대를 마련했다.

역사적 의의와 교훈

한미동맹과 경제개발 파트너십은 한국 경제 발전의 중요한 기반이었으나, 동시에 양면성을 지녔다.

첫째, 산업화의 토대 제공이다. 미국의 원조와 지원은 한국이 전쟁 폐허에서 산업 국가로 성장하는 데 결정적 자원이 되었다. 수출 산업의 성장은 미국의 시장과 자본 덕분에 가능했다.

둘째, 종속적 구조의 문제다. 원조 의존과 대미 종속적 경제 구조는 자율성을 약화했다. 무역·금융·기술에서 미국의 영향력은 절대적이었다. 이는 한국 경제의 장기적 과제였다.

셋째, 자주적 발전 전략의 필요성이다. 한국은 미국의 지원을 활용하면서도, 점차 독자적 산업 기반을 구축해야 했다. 박정희 정부의 중화학 공업화 정책은 이러한 자주화 시도의 일환이었다.

넷째, 오늘날 교훈은 명확하다. 동맹은 기회이자 제약이다. 동맹국의 지원은 발전의 자원이 될 수 있지만, 종속의 위험도 내포한다. 따라서 현명한 균형 전략이 필요하다.

한미동맹과 경제개발 파트너십은 한국 경제 현대화의 출발점이자 성장의 견인차였다. 미국의 원조와 시장은 산업화와 수출지향 전략을 촉진했고, 한국은 이를 활용해 '한강의 기적'을 일구었다. 그러나 동시에 경제적 자율성의 제약이라는 과제도 안겼다.

오늘날 한국의 과제는 분명하다. 동맹의 자산을 활용하되, 자율적 발전의 길을 모색하는 것이다. 경제와 안보가 얽힌 국제 질서 속에서 한국은 동맹을 전략적으로 재구성해야 한다.

WTO·FTA와 글로벌 무역 질서

다자무역 체제와 한국의 참여

1995년 세계무역기구(WTO)의 출범은 냉전 이후 국제 경제 질서의 핵심 변화를 상징했다. 한국은 개방경제를 기반으로 성장해 온 만큼, 다자무역 체제 참여는 피할 수 없는 선택이었다.

첫째, GATT에서 WTO로. 1947년 일반 관세협정(GATT)은 세계 무역자유화를 촉진하는 기구였으나, 농업·서비스·지식재산권 등 새로운 분야를 포괄하지 못했다. WTO는 이를 보완하며 다자간 분쟁 해결 기구로 자리 잡았다.

둘째, 한국의 WTO 가입(1995)이다. 한국은 이미 1967년 GATT에 가입했으나, WTO 체제에서는 더욱 적극적인 역할을 요구받았다. 관세 인하, 서비스 개방, 지식재산권 보호 등 국제 규범을 준수해야 했고, 이는 국내 제도 개혁을 촉진했다.

셋째, 무역 의존 경제와 WTO다. 한국은 수출입 규모가 GDP의 절반 이상을 차지하는 전형적 무역 의존형 국가였다. 따라서 WTO 가입은 단순한 국제 규범 수용이 아니라, 경제 생존과 직결된 문제였다.

넷째, 개방의 양면성이다. WTO 체제는 한국 기업에 세계 시장 진출 기회를 열었지만, 동시에 국내 농업과 중소기업은 국제 경쟁 압력에 노출되는 결과를 낳았다.

FTA 전략과 경제영토 확장

2000년대 이후 한국은 WTO 다자체제 한계를 보완하기 위해 FTA(자유무역협정) 전략을 적극적으로 추진했다.

첫째, FTA 시대의 도래다. WTO 협상은 회원국의 이해관계 충돌로 지연되는 경우가 많았다. 이에 따라 국가들은 양자·지역 차원의 FTA를 통해 신속한 무역자유화를 추구했다. 한국도 이러한 흐름에 동참했다.

둘째, 한국의 FTA 네트워크다. 한국은 2004년 칠레와 첫 FTA를 체결한 뒤, 미국·EU·중국 등 주요 경제권과 협정을 맺으며 'FTA 허브 국가'로 부상했다. 현재 한국은 전 세계 GDP의 상당 부분을 포괄하는 광범위한 FTA 네트워크를 보유하고 있다.

셋째, 경제영토의 확장이다. 한국의 FTA 전략은 단순한 무역자유화가 아니라, 경제영토를 확대하는 전략이었다. 자동차·전자·화학 등 주력 수출 산업은 FTA를 통해 세계 시장 점유율을 높였고, 이는 한국 경제 성장의 핵심 동력이 되었다.

넷째, 농업·서비스 부문의 도전이다. FTA는 수출 산업에는 기회였지만, 농업과 일부 서비스업에는 위기였다. 쌀·쇠고기 시장 개방을 둘러싼 사회적 갈등은 FTA가 단순히 경제 문제를 넘어 사회적 합의를 요구하는 과제임을 보여주었다.

역사적 의의와 교훈

WTO와 FTA 경험은 한국 경제가 글로벌 무역 질서 속에서 어떻게 적응하고 발전했는지를 잘 보여준다.

첫째, 개방을 통한 성장이다. 한국 경제의 성장은 철저히 개방에 기반했다. WTO 규범 준수와 FTA 체결은 국제 신뢰를 높였고, 수출 확대의 토대가 되었다.

둘째, 국제 규범과 국내 개혁이다. WTO와 FTA는 한국 경제의 제도와 법률을 국제 기준에 맞추도록 압박했다. 지식재산권 보호, 서비스 시장 개방, 경쟁 정책 등은 모두 국제 무역 질서 수용 과정에서 정착된 제도다.

셋째, 양극화와 사회적 갈등이다. 개방은 수출 대기업에 유리했지만, 농업과 중소기업에는 불리했다. 따라서 무역자유화의 성과를 사회 전체에 분배하는 정책이 필요했다.

넷째, 오늘날 교훈은 분명하다. 개방은 선택이 아니라 생존이다. 그러나 개방은 사회적 비용을 동반하기에, 이를 보완하는 복지·재분배·혁신 정책이 병행되어야 한다.

WTO 체제와 FTA 전략은 한국 경제의 글로벌 통합을 가능케 했다. 수출 주도 산업화와 세계 시장 진출은 이 제도적 틀 속에서 이루어졌다. 그러나 동시에 농업·중소기업의 희생과 사회적 갈등도 남겼다.

오늘날 한국의 과제는 개방의 성과를 확대하되, 비용을 줄이는 전략을 찾는 것이다. 세계 무역 질서가 보호무역·블록화로 흔들리는 지금, 한국은 WTO·FTA 경험을 바탕으로 새로운 무역 전략을 설계해야 한다.

트럼프 라운드와 한국 경제의 선택

트럼프 라운드의 등장과 특징

21세기 초반, 세계 경제 질서는 자유무역의 확산에서 보호무역과 자국 우선주의로 급격히 전환했다. 이 흐름을 상징적으로 보여주는 사건이 바로 '트럼프 라운드'다.

첫째, 기존 라운드와의 차이다. 과거의 라운드 협상(GATT·WTO)은 자유무역 확대를 위한 다자간 협상이었지만, 트럼프 라운드는 특정 국가의 일방적 조치에서 비롯되었다. 특히 미국이 자국 산업 보호를 위해 고율 관세와 무역 규제를 추진하면서 국제 무역 질서가 흔들렸다.

둘째, 관세 폭탄과 무역 갈등이다. 트럼프 행정부는 철강·알루미늄에 고율 관세를 부과하고, 중국산 제품에는 대규모 추가 관세를 매겼다. 이는 전통적 무역전쟁의 성격을 띠었고, 글로벌 공급망에도 큰 충격을 주었다.

셋째, '미국 우선주의' 전략이다. 트럼프는 미국의 무역 적자를 불공정의 결과로 규정하고, 양자 협상과 압박을 통해 무역 조건을 재조정하려 했다. 이는 다자주의의 약화를 초래했고, 세계 무역 질서가 블록화·양자화되는 흐름을 촉발했다.

넷째, 한국에 대한 영향이다. 한국산 철강·자동차 등이 주요 타깃이 되었고, 한미 FTA 재협상이 강압적으로 추진되었다. 한국 경제는 대외의존도가 높은 만큼 직접적인 충격을 피할 수 없었다.

한국 경제의 대응과 전략

트럼프 라운드 속에서 한국은 경제적 생존을 위한 다양한 대응 전략을 모색했다.

첫째, 한미 FTA 재협상이다. 미국의 압박 속에서 한국은 자동차·농축산물 분야에서 양보했지만, 철강 등 일부 품목은 쿼터제를 수용하면서 관세 폭탄을 피했다. 이는 한국이 선택한 현실적 타협이었다.

둘째, 수출 시장 다변화다. 한국은 중국·동남아·EU 등 대체 시장을 적극적으로 모색하며, 미국 의존도를 줄이려 했다. 이는 수출 구조 다변화와 신흥시장 개척의 필요성을 다시 일깨워 주었다.

셋째, 산업구조 전환이다. 보호무역 강화는 단순한 무역 문제가 아니라 산업 경쟁력의 문제였다. 한국은 반도체·배터리·바이오 등 첨단 산업에서 기술 우위를 확보하려 했고, 이를 통해 새로운 성장 동력을 마련하려 했다.

넷째, 통상 외교의 강화다. 한국은 WTO 제소, 다자·양자 협상 참여를 통해 불리한 조치를 완화하고, 통상 외교 역량을 강화했다. 이는 '경제 주권' 확보를 위한 필수 전략이었다.

역사적 의의와 교훈

트럼프 라운드와 한국의 대응은 오늘날에도 중요한 교훈을 남긴다.

첫째, 무역 질서의 불확실성이다. 국제 무역은 언제나 정치적 요인에 의해 좌우될 수 있음을 보여주었다. 경제와 정치, 안보는 분리될 수 없다는 사실이 분명해졌다.

둘째, 자율적 전략의 필요성이다. 한국은 미국의 압박 속에서 타협을 택했지만, 장기적으로는 특정 국가 의존도를 줄이고 자율적 무역 전략을 구축해야 한다.

셋째, 산업 경쟁력의 핵심성이다. 국제 무역 갈등 속에서 최종적으로 살아남는 국가는 기술·산업 경쟁력을 갖춘 나라다. 한국은 반도체·자동차·조선 등 주력 산업의 경쟁력을 유지하는 동시에, 신산업을 육성해야 했다.

넷째, 오늘날 교훈은 분명하다. 경제외교는 생존의 문제다. 강대국의 압박 속에서도 협상력을 발휘하고, 산업 경쟁력과 시장 다변화를 통해 자율성을 확보해야 한다.

트럼프 라운드는 기존 자유무역 질서의 균열을 보여주었고, 한국은 직접적인 도전에 직면했다. 그러나 동시에 이는 한국이 무역 의존적 경제 구조를 재검토하고, 산업·외교 전략을 새롭게 설계하는 계기가 되었다.

오늘날 한국은 이 경험을 통해 배워야 한다. 강대국 의존에서 벗어나 다변화·혁신·자율성을 확보하는 것이야말로 미래 경제의 안전망이다.

제10부

역사에서 찾는 미래의 길

- 기억의 경제, 지속 가능한 성장의 설계도

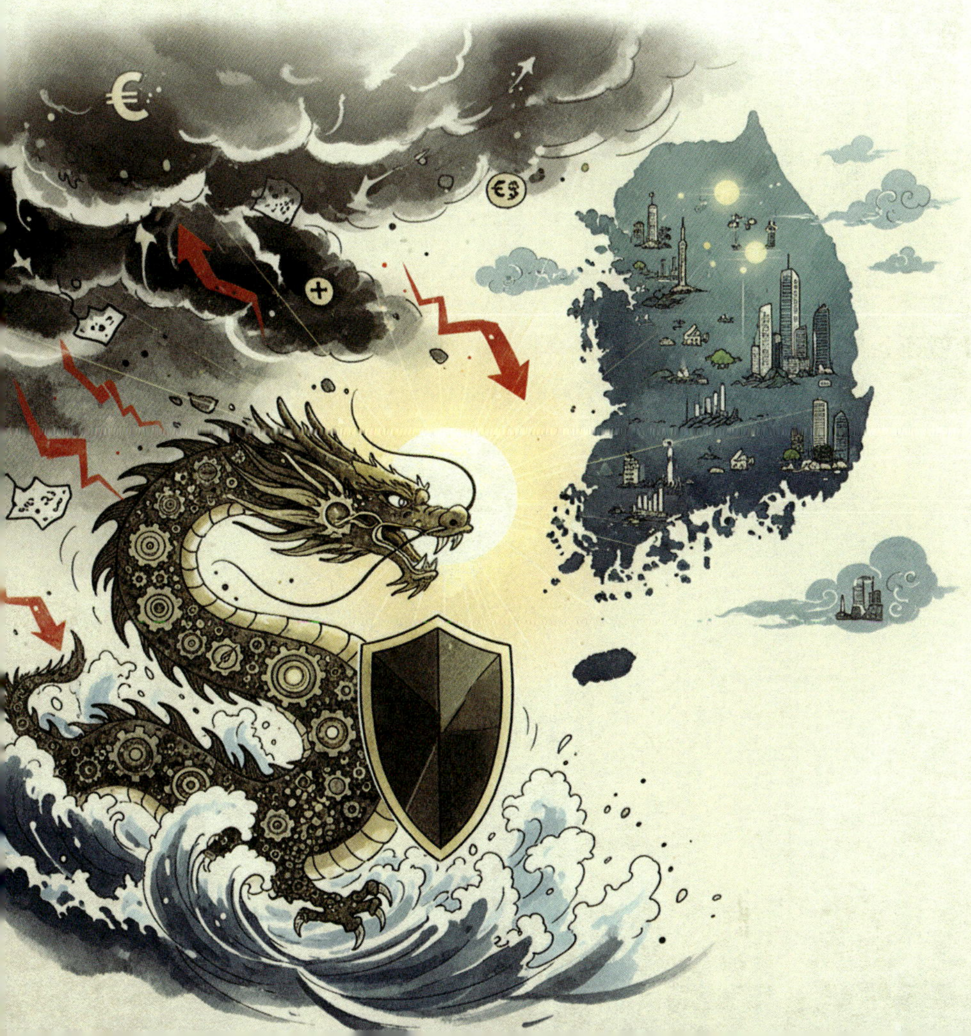

역사는 경제의 교과서이자 예언서다. 경제 리더십의 성공과 실패, 위기 극복의 DNA, 공정과 정의의 조건, 인구절벽과 이민정책, 디지털 시대의 혁신— 모두 과거의 기억에서 미래의 답을 구한다.

'한국사 경제학'은 성장의 방향을 묻기보다 그 성장의 의미를 되묻는다. 경제의 지속 가능성은 기술이 아니라 기억에 있다. 역사 속 제도와 윤리를 되살릴 때, 한국 경제는 다시 진화할 것이다.

"과거는 지나가지 않는다. 그것은 언제나 미래의 설계도로 남아 있다."

경제 리더십의 성공과 실패 사례

위기를 기회로 바꾼 리더십

역사는 경제적 위기와 그에 대응한 리더십의 궤적을 고스란히 보여준다. 성공한 지도자들은 위기를 단순히 극복하는 데 그치지 않고, 이를 국가와 사회를 도약시키는 발판으로 삼았다.

첫째, 세종대왕의 농업 개혁이다. 세종은 전분6등법을 통해 토지와 수확량을 더욱 합리적으로 측정해 세금을 부과했다. 이는 농민의 부담을 줄이는 동시에 국가 재정을 안정시켰다. 세종의 개혁은 조선 경제를 장기적 안정으로 이끈 모범 사례다.

둘째, 박정희 정부의 수출지향 전략이다. 전쟁 폐허 속에서 박정희 정부는 '수출만이 살길'이라는 기치 아래 경제개발 5개년 계획을 추진했다. 이는 한국을 농업 국가에서 산업 국가로 전환하는 계기가 되었으며, 한강의 기적을 가능케 했다.

셋째, 위기를 돌파한 통화·금융 개혁이다. 해방 직후 혼란기에 추진된 농지개혁은 토지 분배와 함께 농업 생산력 회복에 기여했고, 1997년 외환위기 이후 금융 개혁은 한국 경제의 투명성과 건전성을 높였다. 올바른 리더십은 위기를 미래 성장의 자산으로 전환했다.

실패로 끝난 리더십과 그 교훈

반면 경제 리더십의 실패는 국가적 위기와 민중의 고통을 초래했다.

첫째, 인조의 대외정책 실패다. 광해군은 명·후금 사이에서 중립 외교를 모색했지만, 인조는 의리론에 치우쳐 명에만 의존했다. 그 결과 병자호란이 일어났고, 막대한 경제적 피해와 민중 고통을 낳았다. 잘못된 정치적 선택이 경제 기반을 무너뜨린 대표적 사례다.

둘째, 세도정치기의 재정 파탄이다. 19세기 세도 가문들은 권력을 사유화하며 삼정 문란을 심화시켰다. 백성들은 가혹한 세금과 환곡 폐단에 시달렸고, 조선의 재정은 붕괴했다. 리더십의 부패와 무능은 국가 경제를 송두리째 무너뜨렸다.

셋째, 일제 강점기의 식민지 리더십 부재다. 한국 내부의 지도층은 분열과 무력 속에 식민지 지배를 허용했고, 그 결과 조선 경제는 수탈 구조에 편입되었다. 자주적 리더십의 부재는 경제적 종속으로 이어진다는 뼈아픈 교훈을 남겼다.

넷째, 현대의 잘못된 경제 운영도 예외는 아니다. 단기적 인기 영합을 위한 무분별한 재정 지출, 규제와 특혜의 이중 구조는 경제 성장의 지속성을 해친다. 실패한 리더십은 언제나 민중에게 가장 큰 고통을 전가한다.

역사 속 리더십이 주는 오늘날의 교훈

경제 리더십의 성공과 실패 사례는 오늘날 한국이 나아갈 방향을 제시한다.

첫째, 현실을 직시하는 통찰이다. 세종과 박정희의 공통점은 위기를 현실적으로 직시하고, 실질적 해법을 제시했다는 점이다. 이상론이 아니라 구체적 제도와 정책으로 민생을 안정시켰다.

둘째, 공정과 책임의 원칙이다. 세도정치의 실패는 권력층의 사익 추구가 국가 경제를 어떻게 파탄 내는지를 보여준다. 지도자의 리더십은 공정성과 책임감 위에 서야 한다.

셋째, 장기적 비전과 실행력이다. 성공한 경제 리더십은 단기 처방을 넘어 미래를 내다보는 전략을 갖고 있었다. 이는 오늘날 인구절벽·기후 위기·기술 혁신 등 장기 과제를 풀어가는 데 절실한 덕목이다.

넷째, 자율성과 주권의 확보다. 인조와 식민지 시기의 교훈은 국가가 경제 주권을 상실하면 어떤 대가를 치르는지를 보여준다. 오늘날에도 국제 질서 속에서 자율적 선택지를 넓히는 것이 경제 리더십의 핵심이다.

경제 리더십은 단순히 경제정책의 문제가 아니다. 그것은 국가의 운명과 직결되는 선택이며, 성공과 실패는 역사 속에서 뚜렷한 흔적을 남겼다.

오늘날 한국이 직면한 위기 속에서 필요한 것은 위기를 기회로 전환하는 통찰, 공정과 책임에 기반한 리더십, 장기적 비전과 자율성 확보다. 역사는 우리에게 묻는다. "어떤 리더십을 선택할 것인가?"

위기 극복 DNA, 한국 경제의 저력

역사 속 위기와 민족의 생존 본능

한국 경제의 저력은 단순히 근대 산업화 이후에 형성된 것이 아니다. 오랜 역사 속에서 반복된 위기와 고난을 견뎌내며 축적된 생존의 본능이 그 바탕을 이룬다.

첫째, 전란 속 경제 회복력이다. 고려는 몽골 침략으로 국토가 초토화되었으나, 이후 농업·상업 재건에 성공해 국제 무역 국가로 다시 일어섰다. 조선 역시 임진왜란과 병자호란이라는 전란 속에서도 백성들은 폐허를 일구어내며 농업을 회복했고, 국가 경제는 점차 안정을 되찾았다.

둘째, 식민지 수탈 속 자생적 경제 활동이다. 일제 강점기 조선 경제는 철저히 수탈 구조에 편입되었지만, 민족 기업가와 농민·상공인들은 틈새를 찾아내어 자립적 경제 활동을 이어갔다. 이 시기 민족 자본이 형성되었고, 해방 이후 한국 경제 재건의 밑거름이 되었다.

셋째, 전쟁과 가난 속의 회복력이다. 한국전쟁 직후 폐허 속에서 한국은 국제 사회가 기적이라 부를 만큼 빠른 회복을 이루었다. 이

한국사 경제학

는 단순한 원조 효과가 아니라, 국민 스스로 살아남으려는 끈기와 근면, 공동체적 협력이 뒷받침된 결과였다.

현대사의 경제 위기와 극복 과정

한국 경제의 위기 극복 DNA는 현대사의 여러 경제 위기 속에서 더욱 뚜렷하게 드러났다.

첫째, 외환위기(1997)다. 외화 보유액이 고갈되며 국가 부도 위기에 직면했을 때, 한국은 고통스러운 구조조정과 금융 개혁을 단행했다. 국민은 '금 모으기 운동'에 나서며 국가적 위기를 함께 감당했다. 그 결과 IMF 관리체제를 조기 졸업하며 회복에 성공했다.

둘째, 글로벌 금융위기(2008)다. 미국발 금융위기는 한국 수출 경제에도 타격을 주었지만, 빠른 재정 투입과 통화 안정 정책으로 파급력을 최소화했다. 또한 기업들은 신흥시장 개척과 산업 다변화로 위기를 기회로 바꾸려 했다.

셋째, 팬데믹 경제 충격(2020)이다. 코로나19로 세계 공급망과 소비 시장이 마비되었을 때, 한국은 디지털 전환·K-방역·비대면 산업 확산을 통해 새로운 성장 동력을 확보했다. 위기 대응 과정에서 드러난 유연성과 혁신 역량은 한국 경제의 저력을 다시 확인시켰다.

넷째, 끊임없는 사회적 위기 극복이다. 고유가·금융 불안·수출 감소 등 대외 변수와, 청년실업·가계부채·양극화 등 내부 위기가 반복되었지만, 한국은 제도 개혁과 기술 혁신으로 돌파구를 모색해 왔다.

위기 극복 DNA가 주는 교훈

역사 속 한국의 위기 극복 경험은 오늘날에도 중요한 시사점을 남긴다.

첫째, 공동체적 연대의 힘이다. 외환위기 때 국민이 자발적으로 금을 모았듯, 경제 위기 속에서 공동체적 협력과 연대는 국가 회복의 원동력이었다. 개인의 희생과 집단적 의식이 어우러질 때, 위기를 돌파할 수 있었다.

둘째, 유연성과 적응력이다. 농업 중심 사회에서 산업 사회로, 제조업 중심에서 IT·서비스 산업으로, 한국은 끊임없이 경제 구조를 전환하며 변화에 적응했다. 변화에 민첩하게 대응하는 DNA는 세계 경제 격변 속에서도 한국을 살아남게 했다.

셋째, 혁신과 인재의 역할이다. 한국 경제는 언제나 인적 자원과 기술 혁신을 통해 위기를 극복했다. 교육열과 기술집약적 산업 육성은 한국이 선진국 반열에 오를 수 있었던 근본 동력이었다.

넷째, 오늘날 교훈은 분명하다. 위기는 반드시 찾아온다. 그러나 그것을 극복할 수 있는 DNA 또한 우리 안에 있다. 문제는 그 DNA를 어떻게 발휘하고 제도화하느냐에 달려 있다.

한국 경제의 저력은 단순한 기적이 아니다. 그것은 오랜 역사 속에서 누적된 위기 극복 DNA의 산물이다. 전란, 식민지, 전쟁, 외환위기, 글로벌 충격을 거치며 우리는 언제나 무너질 듯하면서도 다시 일어섰다.

오늘날 한국이 직면한 도전, 인구절벽·기후 위기·기술 혁신 격변도 다르지 않다. 역사는 우리에게 말한다. 위기는 끝이 아니라, 새로운 도약의 출발점이라는 것을. 한국 경제의 저력은 바로 이 불굴의 DNA에 있다.

제10부 역사에서 찾는 미래의 길

정과 정의, 경제의 지속 조건

역사 속 불공정과 경제 붕괴

경제가 불공정하게 운영될 때, 사회와 국가는 반드시 위기를 맞았다. 한국사의 여러 사례는 이를 증명한다.

첫째, 조선 후기 삼정(三政)의 문란이다. 전정·군정·환곡의 세금 제도가 부패와 착취로 변질되면서 농민들은 극심한 고통에 시달렸다. 양반과 권력층은 부를 독점했고, 백성들은 토지를 잃고 유민으로 전락했다. 불공정한 제도의 누적은 민란과 국가 재정 붕괴로 이어졌다.

둘째, 일제 강점기의 수탈 경제다. 일본은 토지조사사업을 통해 조선 농민의 땅을 강제로 빼앗고, 공업화 과정에서 노동력을 착취했다. 조선인은 소득 대부분을 일본에 빼앗기며 빈곤에 허덕였다. 불공정한 경제 구조는 민족의 저항을 낳았고, 사회적 불안정으로 이어졌다.

셋째, 현대사의 특권경제다. 특정 재벌과 권력층이 유착하여 시장을 독점하고, 기득권을 강화한 사례는 수없이 많다. 이는 경제 성장의 과실이 사회 전체로 확산하지 못하고, 양극화를 심화시켰다. 불공정은 단기적 이익을 가져다주지만, 장기적으로 경제 시스템을 약화했다.

공정과 정의의 경제적 가치

　공정과 정의는 단순한 도덕적 구호가 아니라, 경제의 지속성을 담보하는 핵심 원리다.

　첫째, 시장 신뢰의 토대다. 시장이 제대로 작동하려면 규칙이 공정하게 적용되어야 한다. 부패·특혜·불투명한 제도는 시장의 신뢰를 무너뜨리고, 투자와 혁신을 가로막는다. 공정은 시장의 투명성과 신뢰를 높여 장기적 성장을 가능하게 한다.

　둘째, 분배 정의와 사회 안정이다. 경제 발전의 성과가 특정 집단에만 집중될 때, 사회적 갈등이 격화된다. 분배 정의는 단순한 나눔을 넘어, 사회 전체의 안정과 지속적 성장을 위한 조건이다. 조세 제도, 복지정책, 노동 시장 규범은 공정성을 확보하기 위한 핵심 장치다.

　셋째, 혁신과 경쟁의 촉진이다. 공정한 경쟁 환경은 창의적 인재와 기업이 성장할 수 있는 기반을 마련한다. 반대로 불공정한 특혜 구조에서는 혁신이 억눌리고, 경제는 정체된다. 정의로운 규칙이 지켜질 때, 건강한 경쟁과 혁신을 할 수 있다.

　넷째, 국제 경제의 교훈이다. 글로벌 무역에서도 공정은 중요하다. 불공정 무역이나 보복적 관세는 단기적 이익을 줄 수 있지만, 장기적으로는 신뢰를 상실하고 고립을 자초한다. 한국 경제가 WTO·FTA 질서 속에서 공정한 규칙을 중시하는 이유도 여기에 있다.

지속 가능한 경제를 위한 길

오늘날 한국 경제가 직면한 과제는 공정과 정의를 어떻게 제도화할 것인가에 달려 있다.

첫째, 불평등 완화 정책이다. 소득과 자산의 양극화를 줄이기 위한 조세·재정 정책이 필요하다. 부유층에 대한 합리적 과세, 사회적 약자를 위한 복지 강화는 경제의 지속성을 높이는 투자다.

둘째, 투명한 제도와 법치 강화다. 권력과 자본의 결탁을 차단하고, 부정부패를 근절하는 것이 우선이다. 법과 제도가 공정하게 집행될 때만 경제 시스템은 신뢰를 얻을 수 있다.

셋째, 포용적 성장 전략이다. 청년·여성·노인·이주민 등 다양한 계층이 경제 활동에 참여할 수 있어야 한다. 포용적 성장은 단순한 사회정책이 아니라, 지속 가능한 경제 성장의 원동력이다.

넷째, 세대 간 정의 실현이다. 기후 위기, 국가채무, 연금 개혁은 미래 세대와 직결된다. 오늘 세대가 부담을 미래로 떠넘기지 않고, 책임 있는 선택을 하는 것이 세대 간 정의다.

역사는 분명한 교훈을 남긴다. 불공정은 경제를 무너뜨리고, 공정은 경제를 지속시킨다. 삼정의 문란과 식민지 수탈은 불공정이 낳은 비극의 사례이며, 반대로 공정한 제도 개혁은 민생을 살리고 경제를 도약시켰다.

오늘날 한국 경제의 지속 조건은 공정과 정의에 있다. 이는 단순한 윤리적 선택이 아니라, 경제 생존 전략이다. 공정한 경쟁, 정의로운 분배, 투명한 제도가 바로 미래 한국 경제를 떠받칠 기둥이다.

인구절벽과 이민정책의 역사적 교훈

역사 속 인구 변화와 경제 위기

역사 속 인구의 증감은 곧 경제의 흥망과 직결되었다.

첫째, 삼국시대와 고려의 인구 기반이다. 삼국은 농업 생산력 확대를 통해 병력과 세수를 늘렸고, 고려 역시 전시과 제도를 바탕으로 인구를 경제·군사 자원으로 관리했다. 그러나 전쟁·전염병으로 인구가 급감하면 국가 경제는 곧바로 흔들렸다.

둘째, 조선 후기의 인구 증가와 한계다. 17~18세기 조선은 전란 이후 농업 생산력이 회복되면서 인구가 급증했다. 그러나 토지와 자원의 한계로 농민층은 몰락했고, 인구 압박은 사회 불안을 심화시켰다. 인구 증가가 반드시 경제 발전으로 이어지는 것은 아니며, 제도와 자원 분배가 병행되지 않으면 위기를 낳을 수 있음을 보여준다.

셋째, 식민지기의 인구 이동이다. 일제는 농촌의 인구 과잉을 이유로 만주·일본으로 대규모 이주를 강제했다. 이 과정에서 조선 농촌은 공동화되었고, 도시 빈민층이 급증했다. 식민지 경제는 인구 문제를 구조적으로 왜곡시켰다.

넷째, 현대의 인구절벽 조짐이다. 산업화 이후 한국은 인구 증가를 기반으로 성장했으나, 저출산·고령화가 급속히 진행되면서 인구절벽이 현실화하고 있다. 역사 속 인구 변화는 오늘날 위기의 전조를 보여주는 거울이다.

해외 이민정책의 교훈

세계 각국은 인구 문제에 대응하기 위해 이민정책을 적극적으로 활용해 왔다.

첫째, 미국의 이민 국가 모델이다. 미국은 유럽과 아시아 이민자를 적극적으로 수용하여 산업화와 개척 경제의 노동력을 확보했다. 다양한 인종과 문화의 융합은 미국 경제의 창의성과 역동성을 강화했다.

둘째, 호주의 선택적 이민정책이다. 호주는 노동력 부족을 해결하기 위해 이민을 적극적으로 수용했지만, 무작정 개방이 아니라 기술·학력·연령 등을 고려한 '포인트제'를 도입했다. 이는 국가 발전에 필요한 맞춤형 인력을 효과적으로 확보하는 방식이었다.

셋째, 일본의 소극적 이민정책의 한계다. 일본은 고령화와 저출산에도 불구하고 이민 수용에 소극적이었다. 결과적으로 노동력 부족과 경제 활력 저하가 심화했고, 사회적 혁신 능력도 약화했다. 이는 한국이 타산지석으로 삼아야 할 사례다.

넷째, 유럽의 이민 갈등과 통합 과제다. 독일·프랑스 등은 이민자 유입으로 노동력을 보완했으나, 문화적 갈등과 사회 통합 문제가 발생했다. 이는 이민정책이 단순히 경제 문제를 넘어 사회적·정치적 과제임을 보여준다.

한국 경제의 과제와 방향

역사와 세계 사례는 오늘날 한국의 인구절벽 대응 전략에 중요한 교훈을 남긴다.

첫째, 저출산 극복 노력의 한계 인정이다. 출산 장려 정책은 필요하지만, 단기적으로 효과를 내기 어렵다. 따라서 인구절벽을 극복하기 위해서는 이민정책이 불가피하다.

둘째, 선택적·전략적 이민정책이다. 단순히 인구수를 늘리는 것이 아니라, 한국 경제와 사회에 필요한 인재를 유치해야 한다. 첨단 산업 인력, 돌봄·의료 노동력 등 구체적 수요에 맞춘 맞춤형 정책이 필요하다.

셋째, 사회 통합과 다문화 역량 강화다. 이민자 수용은 문화적 갈등을 불러올 수 있다. 교육·복지·노동 시장에서의 차별 해소와 사회적 포용 정책이 병행되어야 지속 가능하다.

넷째, 장기적 관점에서의 국가 전략이다. 인구 문제는 단기 대책으로 해결되지 않는다. 20~30년을 내다보는 국가적 비전과 사회적 합의가 필요하다.

역사는 말해준다. 인구는 경제의 근본 자원이며, 인구절벽은 국가 존망의 문제로 이어질 수 있다. 고려와 조선, 식민지 시기의 경험은 인구 문제를 소홀히 할 때 경제 기반이 무너진다는 사실을 보여준다.

오늘날 한국은 인구절벽 앞에 서 있다. 해법은 분명하다. 저출산 대책과 더불어 전략적 이민정책을 도입하고, 사회 통합을 강화하는 것이다. 인구와 경제의 선순환을 설계하는 것이야말로 한국 경제의 지속 가능성을 담보할 길이다.

디지털·AI 시대,
역사 속 혁신의 재해석

역사 속 혁신과 경제 발전

인류와 한국의 역사는 혁신의 역사라 해도 과언이 아니다. 경제적 도약은 언제나 새로운 기술과 제도의 도입에서 비롯되었다.

첫째, 농업 혁신의 힘이다. 삼국시대와 고려는 철제 농기구와 우경(牛耕)을 도입하면서 농업 생산력을 크게 끌어올렸다. 이는 세수와 병력을 확대해 국가 경제의 기반을 마련했다. 조선 세종 시기의 농서 편찬과 전분6등법 개혁도 농업 혁신의 대표적 사례였다.

둘째, 과학 기술과 제도의 결합이다. 조선의 혼천의, 측우기, 금속활자는 과학과 제도의 결합이 국가 경쟁력으로 이어진 사례다. 금속활자는 정보 유통과 지식 확산을 촉진했고, 측우기는 농업 정책의 정밀성을 높였다.

셋째, 산업혁명과 한국의 근대화다. 서구의 산업혁명은 세계 경제 질서를 바꿨고, 한국은 늦게나마 개항기와 일제 강점기를 거치며 근대 기술을 접목했다. 비록 식민지적 성격이 강했지만, 철도·전기·통신

등 새로운 기술은 한국 산업화의 토대가 되었다.

넷째, 정보화와 산업화의 결합이다. 20세기 후반 한국은 수출지향 산업화와 함께 IT 혁신을 접목해 세계적 경쟁력을 확보했다. 반도체·휴대전화·인터넷은 디지털 시대 한국 경제의 성장 엔진이었다.

디지털·AI 혁신과 한국 경제

21세기 한국은 디지털·AI 혁신의 최전선에 서 있다. 이는 역사 속 혁신의 연장선상에서 이해할 수 있다.

첫째, AI와 빅데이터 경제다. 인공지능은 금융·의료·제조·물류 등 거의 모든 산업의 효율성을 높이고 있다. 데이터는 새로운 '석유'로 불리며, AI는 이를 분석하고 활용해 부가가치를 창출한다. 한국은 ICT 강국으로서 이를 성장 동력으로 삼고 있다.

둘째, 플랫폼 경제의 부상이다. 네이버·카카오·배달앱·온라인 쇼핑몰 등 디지털 플랫폼은 소비자와 생산자를 연결하는 새로운 경제 질서를 만들었다. 이는 조선 후기 민간 금융과 상업 네트워크가 경제를 바꾼 역사적 경험과 맞닿아 있다.

셋째, 산업구조 전환이다. 반도체, 배터리, 바이오 등 첨단 산업은 AI와 결합해 고도화되고 있다. 한국이 글로벌 공급망에서 핵심적 위치를 차지할 수 있는 이유도 이 디지털 혁신에 있다.

넷째, 노동과 사회 변화다. AI 자동화는 일자리 구조를 바꾸고, 플랫폼 노동을 확산시키고 있다. 이는 과거 농노제·노비제가 해체되고 임금 노동이 확산한 것과 유사한 대전환이다. 혁신은 언제나 사회적 갈등과 재편을 동반한다.

역사 속 혁신의 재해석과 교훈

디지털·AI 시대를 준비하는 한국은 역사 속 혁신에서 중요한 교훈을 얻을 수 있다.

첫째, 혁신은 제도의 뒷받침이 필요하다. 세종대왕의 농업 개혁은 단순한 기술이 아니라, 제도적 혁신이 병행되었기에 성공할 수 있었다. 오늘날에도 데이터 활용·AI 윤리·디지털 규제 등 제도적 기반이 마련되어야 한다.

둘째, 혁신은 포용적이어야 한다. 산업혁명 초기 영국의 노동자는 혹독한 고통을 겪었다. 혁신의 성과가 소수에게 집중되면 사회 갈등이 폭발한다. 따라서 디지털 혁신의 성과가 사회 전반으로 확산하도록 교육·복지·노동정책이 병행되어야 한다.

셋째, 자주성과 글로벌 연계의 균형이다. 고려와 조선은 중국 중심 질서 속에서 자율성을 확보하려 애썼다. 오늘날 한국은 글로벌 AI·디지털 질서 속에서 독자적 기술력을 확보하면서도, 국제 규범에 적극적으로 참여해야 한다.

넷째, 인재가 핵심 자원이다. 역사 속 모든 혁신은 인재의 창의성과 학습 능력에서 비롯되었다. 디지털·AI 시대에도 교육과 인재 양성이 국가 경쟁력의 본질이다.

역사 속 혁신은 언제나 경제와 사회를 변혁시켰다. 디지털·AI 혁신 역시 새로운 산업과 일자리, 사회 구조를 만들어가고 있다.

오늘날 한국 경제가 직면한 과제는 디지털 혁신의 성과를 사회 전체로 확산시키고, 공정한 제도와 포용적 정책을 통해 지속 가능한 성장을 이루는 것이다. 역사는 우리에게 말한다. 혁신은 위기와 기회를 동시에 주지만, 올바른 선택을 통해 그것은 미래를 여는 힘이 된다.

기억에서 미래로
한국사 경제학이 남긴 세 가지 통찰

역사 속에서 경제의 방향을 읽다

역사는 과거의 연대기가 아니라 경제의 나침반이다. 고조선의 토지제도, 고려의 전시과, 조선의 대동법, 개항기의 은본위 화폐제, 산업화의 정책금융까지— 시대마다 제도는 바뀌었지만, 그 안에 흐른 경제의 논리는 한결같았다. '균형'과 '공존', 그리고 '생존'이었다.

『한국사 경제학』이 보여주는 첫 번째 통찰은 경제가 언제나 인간의 관계 속에서 태어난다는 것이다. 시장보다 사람이 먼저였고, 자본보다 신뢰가 앞섰다. 정책과 제도가 실패할 때마다, 그 실패는 숫자가 아니라 신뢰의 붕괴였다. 그래서 역사 속 개혁은 언제나 '신뢰의 복원'으로 시작되었다.

제도의 진화와 기억의 복원

한국 경제의 진화는 기억의 복원 과정이었다. 고려의 전란, 조선의 병란, 일제의 식민지, 한국전쟁, 외환위기, 그리고 팬데믹까지— 모든 위기는 우리 사회의 제도적 기억을 시험했다.

그때마다 한국은 제도를 다시 만들었다. 임진왜란 뒤 군역제 개혁, 식민지 이후 산업 기반의 복구, 외환위기 뒤 금융 개혁, 팬데믹 이후 디지털 전환— 기억은 고통 속에서 다시 제도를 낳았다.

경제의 DNA는 생존의 기록이다. 그것은 단순한 성장의 이력이 아니라, 위기를 학습하고 제도를 진화시켜 온 집단적 학습의 결과다. 『한국사 경제학』의 두 번째 통찰은 '제도는 기억의 언어이며, 경제는 그 언어를 통해 진화한다'라는 점이다.

미래를 위한 경제학, 과거로부터의 설계도

이제 우리는 또 다른 전환기에 서 있다. 기술혁명, 인구절벽, 기후 위기, 사회 양극화— 모두가 새로운 경제학을 요구한다. 그러나 진정한 혁신은 새로운 이론이 아니라 오래된 원리의 복원에서 시작된다. 조선의 실학자들이 꿈꿨던 민본경제, 개항기 개혁가들이 설계한 금융 자주, 산업화 세대가 보여준 생산의 연대, 민주화 세대가 일으킨 공정의 가치— 이 모든 것이 미래를 설계할 수 있는 '한국 경제의 기억 자산'이다.

앞으로의 경제학은 숫자보다 서사가 중요해질 것이다. 기억과 제도, 사람과 시장이 얽힌 '역사적 경제학'이야말로 지속 가능한 성장의 핵심 언어가 된다.

『한국사 경제학』이 남긴 마지막 메시지는 단순하다. "경제의 미래는 과거의 기억 위에 세워진다." 우리는 반복되는 위기 속에서도 조금씩 더 현명해져 왔다. 그것이 한국 경제의 힘이며, '한국사 경제학'이 기록한 부의 진화사다.

국내 문헌

강만길. (1995). 식민지 시기 조선의 산업화와 종속. 창작과비평사.

강명관. (2003). 조선의 경제사회와 환곡제. 서울대학교 출판부.

강인욱. (2007). 고대 한반도의 농업과 기술. 서울대학교 출판부.

김기홍. (2020). 자본의 대사: 자본주의 생명체의 진화론적 역사. 창비.

김문식. (2010). 세종의 경제정책. 일조각.

김상태. (2012). 조선 전기 대외무역 연구. 민속원.

김영수. (2009). 근대한국의 무역과 해상 활동. 한울.

김영수. (2018). 해상왕 장보고: 동아시아 해상경제의 창조자. 푸른역사.

김재호. (2015). 전시과 제도의 구조적 모순. 한국경제사학회지, 37(2), pp.75-104.

김낙년. (2006). 1950년대 화폐 개혁의 실패 원인과 인플레이션의 구조. 한국경제연구, 22(3), pp.35-68.

박석무. (2009). 정약용의 경제사상. 다산연구소.

박영규. (1998). 토지조사사업의 법제적 성격과 식민지 수탈 구조. 한국법사학회지, 15, pp.93-118.

박종진. (1993). 조선후기 상업발달사 연구. 일조각.

박종진. (2004). 상평통보 유통의 구조적 의미. 한국경제사학회지, 29(1), pp.45-67.

송건호. (1982). 한국 자본주의 형성사. 한길사.

송준호. (1992). 삼국시대 농업 기술과 토지 이용의 변천. 한국고대사연구, 18, pp.51-84.

안병직. (1994). 한국경제발전사. 서울대학교출판부.

이기백. (1980). 한국중세경제사연구. 일조각.

이기백. (1996). 한국고대경제사연구. 일조각.

이영훈. (2001). 한국경제사. 서울대학교출판부.

이영훈. (2005). 조선 후기 경제 구조의 변동. 서울대학교출판부.

이정우. (2012). 한국경제의 기원과 변동. 창작과비평사.

이정우. (2021). 경제학의 재인문학적 전환. 창비.

이태진. (2003). 한국전쟁과 전시경제. 역사비평사.

이태진. (2010). 전시재정의 구조와 재정개혁의 시도. 한국정책학회보, 14(3), pp.125-153.

정병욱. (2008). 조선 후기 사채와 금융. 한국학중앙연구원.

정병호. (2009). 고려의 국제무역사 연구. 고려대학교출판부.

정연식. (1999). 전분육등법 시행의 경제적 효과. 한국사학보, 25, pp.87-112.

정진영. (2010). 한국근대금융사 연구. 일조각.

정진영. (2014). 조선은행의 금융 통제와 식민지 자본주의의 구조. 경제사학회보, 38(1), pp.1-36.

전병유 외. (2005). IMF 이후 한국경제의 구조변화. 한울.

전광우. (2005). 한국경제 60년의 도전과 응전. 삼성경제연구소.

조현숙. (2011). 통신사 외교와 조선-일본 교역의 경제적 함의. 동양사학연구, 32(1), pp.55-83.

최배근. (2018). 한국경제의 미래. 한길사.

한홍열. (1998). 한국산업화의 기원. 한울.

홍기빈. (2014). 비그포르스, 복지국가의 길. 책세상.

홍순권. (2005). 조선시대 환곡제의 구조와 사회경제적 의미. 한국사회경제사학회지, 21(2), pp.33-60.

유종일. (2015). 불평등의 경제학. 김영사.

우석훈. (2007). 88만원 세대. 레디앙.

해외 문헌

Acemoglu, D., & Robinson, J. A. (2012). Why Nations Fail: The Origins of Power, Prosperity, and Poverty. New York: Crown Business.

Allen, R. C. (2011). Global Economic History: A Very Short Introduction. Oxford University Press.

Braudel, F. (1981). Civilization and Capitalism: 15th-18th Century(Vols. 1-3). Harper & Row.

Chang, H.-J. (2002). Kicking Away the Ladder: Development Strategy in Historical Perspective. Anthem Press.

Landes, D. S. (1998). The Wealth and Poverty of Nations: Why Some Are So Rich and Some So Poor. W.W. Norton.

Maddison, A. (2001). The World Economy: A Millennial Perspective. OECD.

North, D. C. (1990). Institutions, Institutional Change, and Economic Performance. Cambridge University Press.

Polanyi, K. (1944). The Great Transformation: The Political and Economic Origins of Our Time. Beacon Press.

Pomeranz, K. (2000). The Great Divergence: China, Europe, and the Making of the Modern World Economy. Princeton University Press.

Schumpeter, J. A. (1942). Capitalism, Socialism and Democracy. Harper & Brothers.

Sen, A. (1981). Poverty and Famines: An Essay on Entitlement and Deprivation. Oxford University Press.

Allen, R. C. (2011). The Industrial Revolution: A Very Short Introduction. Oxford University Press.

Ha-Joon Chang. (2010). 23 Things They Don't Tell You About Capitalism. Bloomsbury.

Braudel, F. (1979). The Wheels of Commerce. Harper & Row.

Landes, D. S. (1969). The Unbound Prometheus. Cambridge University Press.

고전 및 사료

『삼국사기』, 김부식, 1145, 고려.

『삼국유사』, 일연, 1281, 고려.

『고려사』, 정인지 외, 조선.

『조선왕조실록』, 국사편찬위원회 디지털판.

『경국대전』, 조선 성종대 편찬.

『비변사등록』,『승정원일기』, 조선후기 국사편찬위본.

『조선총독부 토지조사사업 보고서』, 1918, 조선총독부.

『조선은행 창립사』, 1918, 조선은행.

『조선식산은행 연보』, 1927-1943, 조선식산은행.

『농지개혁법』, 1949, 대한민국 정부.

『경제개발 5개년 계획』제1~7차, 경제기획원, 1962-1991.

통계 및 데이터 자료

한국은행. (1950~2024). 금융통계연보. 서울: 한국은행.

통계청. (1956~2024). KOSIS 국가통계포털.

국사편찬위원회. (n.d.). 한국사데이터베이스(https://db.history.go.kr).

한국개발연구원(KDI). (2000~2024). 정책연구시리즈.

IMF. (1998). Korea: Selected Issues and Statistical Appendix.

World Bank. (2000~2024). World Development Indicators.

OECD. (2001). Economic Outlook.

농촌진흥청. (1985). 조선농업사 자료집.

국립중앙도서관. (2020). 조선총독부 통계연보 디지털 아카이브.

비교연구 및 이론서

Braudel, F. (1981). The Structures of Everyday Life. Harper & Row.

North, D. C. (1989). Institutions and Economic History. Journal of Economic Perspectives, 3(2), 131-149.

Acemoglu, D. (2019). The Narrow Corridor: States, Societies, and the Fate of Liberty. Penguin.

Pomeranz, K., & Topik, S. (2014). The World That Trade Created: Society, Culture, and the World Economy, 1400 to the Present. Routledge.

Schumpeter, J. A. (1939). Business Cycles: A Theoretical, Historical, and Statistical Analysis of the Capitalist Process. McGraw-Hill.

현대 해석 및 인문학적 경제서

김기홍. (2020). 자본의 대사. 창비.

이정우. (2021). 경제학의 재인문학적 전환. 창비.

우서훈. (2007). 88만 원 세대. 레디안.

유종일. (2015). 불평등의 경제학. 김영사.

장하준. (2010). 그들이 말하지 않는 23가지. 부키.

최배근. (2018). 한국 경제의 미래. 한길사.

홍기빈. (2014). 비그포르스, 복지국가의 길. 책세상.